Impulse – Villa Vigoni im Gespräch

Gegründet von GREGOR VOGT-SPIRA

Band 5

Permanente Charaktere nachhaltiger Architektur und Städtebau. Visionen einer postfossilen Gesellschaft

Herausgegeben von Christiano Lepratti,
Günter Pfeifer und Guendalina Salimei

Franz Steiner Verlag Stuttgart 2012

Bibliografische Information der Deutschen Nationalbibliothek
Die Deutsche Nationalbibliothek verzeichnet diese
Publikation in der Deutschen Nationalbibliografie;
detaillierte bibliografische Daten sind im Internet über
<http://dnb.d-nb.de> abrufbar.

ISBN 978-3-515-10104-2

Einbandgestaltung: deblik, Berlin
Gedruckt auf säurefreiem, alterungsbeständigem Papier.
Druck: AZ Druck und Datentechnik, Kempten
Printed in Germany

Inhalt

Einführung

Restaurer un édifice, ce n'est pas l'entretenir, le réparer ou le refaire, c'est le rétablir dans un état complet qui peut n'avoir jamais existé à un moment donné
E. VIOLLET LE DUC

Zur Lage des Planeten

Eine kritische Auseinandersetzung mit dem Thema Nachhaltigkeit ist für Architekten und Planer unumgänglich geworden. Diese stellt sich gleichermaßen als eine Art neue »Religion« und als Regelwerk des Aufbaus einer neuen Soziokultur dar. Die Auseinandersetzung mit ihr impliziert eine Stellungnahme; ignorieren kann man sie nicht mehr. Ohne ethische Orientierung bleibt das Planen »leer«; »ohne Verantwortung ist das Gewissen blind« (Ludger Honnefelder). In jeder Aktion des menschlichen Handelns und Denkens werden wir mit der Nachhaltigkeit konfrontiert, sei es in der Dimension des Alltags – mit Wasser, das aus dem Wasserhahn tropft sowie mit durch die Spülung verloren gehendem Trinkwasser – oder in der planetarischen Dimension mit dem Bewusstsein, dass die Erde leidet (Gaia-Hypothese, S. Lynn Margulis, James Lovelock) und dass wir schuld daran sind. Der gute Wille ist da und das ist gut – aber nicht ausreichend. Das Problem ist, dass eine gemeinsame Diagnose nicht unbedingt zu einer gemeinsamen Therapie führt; manchmal ist genau das Gegenteil der Fall. 8o Prozent des CO_2-Ausstoßes haben direkt oder indirekt mit dem Bauen zu tun und unter den Architekten verbreitet sich eine spürbare Tendenz zur Dogmatisierung der Positionen und Herangehensweisen. Es besteht die Gefahr einer Zersplitterung in kleinere Schulen – kristallisiert, relativ unbeweglich, nicht dialektisch, orthodox. Die zwei gegensätzlichen Positionen der High-Technophilen und High-Technophoben sind ein Beispiel hierfür: die einen, die das Allheilmittel für die »Lösung« aller Probleme in der Technik sehen und die anderen, die nur in einer Welt aus Lehm leben wollen und der Vielfalt ihre »Kälber« opfern, mit der Überzeugung von Animismusgläubigen. Für uns ist der einzige Ausweg aus diesen verschiedenen Gefahren eine Repositionierung der Debatte im Miteinander von Design und Gesellschaft. Was wir bräuchten, wäre die Skizze einer prospektiven Theorie des nachhaltigen Entwerfens, die anhand von Analysen, Texten, konkreten Anwendungen und konzeptionellen Entwürfen versucht, die Rolle der Architektur sowie ihre Merkmale, Charaktere und Ansprüche zu bestimmen. Wichtig wäre die Überwindung einer anekdotisch fragmentarischen und zum Teil polarisierenden Herangehensweise, um die Instanzen des nachhaltigen Bauens mit komplementären sozialpolitischen Elementen und Werkzeugen zu kombinieren. Ein Arsenal an neuen Werkzeugen war essentiell für die Klassische Moderne, die letzte Architektur-Bewegung, die ihre besondere wissenschaftliche Berufung entdeckte – eine globale Bewegung, überall in der Lage, das Leben der Menschen mit einer neuen Ästhetik und neuen Akteuren zu beeinflussen. Die Kommunen und Genossenschaften als neue Bauherren, die Erfindung neuer Nutzungen und die Entwicklung innovativer Besteuerungs- und Finanzierungsmodelle: Diese systematische Infragestellung und Neudefinition tradierter Verhältnisse war für das Entstehen der Architektur der Moderne ebenso essentiell wie die Erfindung neuer Baustoffe und Konstruktionsmethoden. In analoger Weise sind für die Gestaltung der neuen Szenarien der Nachhaltigkeit neue Werkzeuge zu entwickeln, die ein wirkungsvolles Intervenieren überhaupt ermöglichen.

»Permanente Charaktere nachhaltiger Architektur und Städtebau« ist die Neuvorlage des Titels einer im Jahr 2007 am Fachgebiet Entwerfen und Wohnungsbau der Technischen Universität Darmstadt begonnenen Forschungsarbeit. Die Arbeit ist in drei Dimensionen gegliedert: architektonisch, städtebaulich und historisch. Sie basiert auf folgender Grundhypothese: Das »Neue Bauen« der 1920er Jahre wäre ohne die Entwicklung eines ganzen Arsenals von neuen Ideen zur Realisierung von Städtebau und Architektur undenkbar gewesen. Die *Energie-Revolution*[1] wird für die Baukultur vergleichbare Konsequenzen haben wie die zweite industrielle Revolution für die Klassische Moderne. Kern der Arbeit in der ersten Dimension ist die kritische Kategorisierung der Maßnahmen und architektonischen Planungsstrategien, wie sie sich bis jetzt aus der Nachhaltigkeitsdebatte herausgebildet haben. Als Kriterium der Kategorisierung favorisieren wir die typologische Methode; damit leisten wir einen Beitrag zur Aktualität der Typologiedebatte, die in den achtziger und neunziger Jahren unter der »Eliminierung jeder Intellektualität« (W. Oechslin) sehr gelitten hat, im letzten Jahrzehnt jedoch eine Renaissance erlebte[2]. Die zweite Dimension wird von einem Maßstabsprung konnotiert – urbane Strategien für die Planung und Revitalisierung nachhaltiger Städte. Man geht davon aus, dass der Klimawandel die globale Siedlungsentwicklung im 21. Jahrhundert maßgeblich beeinflussen wird. Das Thema des Wiederaufbaus der vom Erdbeben am 6. April 2009 beschädigten Stadt L'Aquila in Mittelitalien führt die dritte Dimension in die Forschungsarbeit ein: die Definition von architektonischen Maßnahmen und nachhaltigen Strategien für die Erhaltung.

L'Aquila

Das Thema der Revitalisierung der Stadt L'Aquila ist in theoretischer und praktischer Hinsicht sehr komplex und vielversprechend. Es handelt sich nicht nur um eine technische oder organisatorische Entscheidung. Das Thema bietet die Möglichkeit, über aktuelle und zukünftige urbane Szenarien, theoretische Modelle, innovative Strategien sowie adäquate und legitime Referenzen aus der Geschichte für die heutige Planung nachzudenken. Für den Wiederaufbau wird ein theoretisches Konstrukt benötigt. Dieses Konstrukt muss sich als praktikable Synthese der antithetischen Begriffe Modernisierung und Konservierung beweisen. Diese Publikation befasst sich mit der Infragestellung dieser Antinomie, die anhand der Erkenntnisse der Abhängigkeit von Entwicklungsmodell und Klimawandel neu formuliert werden muss. Nach unserer Überzeugung, die in der Struktur dieser Publikation erläutert wird, können der evolutionistische Charakter der Typologie und die Berücksichtigung seiner soziokulturellen Aspekte ein Rezept anbieten. Die an die Architekten adressierten Warnungen bezüglich der Implikationen des Entwerfens sind nicht ausreichend; sie beschränken sich auf Hinweise für eine verantwortungsvolle Architektur – mehr Mäßigkeit, mehr Gewissen. Was wir brauchen, sind jedoch ein weitorientierter Diskurs und eine weitreichende kritische Stellungnahme. Der Vorwurf richtet sich an das Desinteresse der Architekten an einer produktiven Kritik – einer, die sich nicht auf die Architektur beschränkt, sondern die auch die Zusammenhänge bzw. Wechselwirkungen zwischen Gesellschaft und Design nicht ignoriert. Ohne grundlegende einigungsfähige Argumente ergeben sich heterogene Herangehensweisen, die zu dishomogenen Resultaten führen – was im Grunde akzeptabel ist. Inakzeptabel sind hingegen die dishomogenen Ziele, die das nachhaltige Design in einer kaleidoskopischen Wunderkammer of *best practice* einsperren, was im besten Fall zu einer Stabilisierung des Bestehenden führt. Man sollte weniger auf die Kategorisierung als auf die Entstehung des Typus achten, um die Potenziale ausloten zu können. Was hier als progressive Architektur betrachtet wird, ist alles, was den ideologischen Konflikt zwischen Modernität und Konservation infrage stellt und die Wechselwirkungen zwischen Architektur und Gesellschaft thematisiert.

Die Texte betrachten mehrere Sichtweisen der Nachhaltigkeitsdebatte, die diese zwei Aspekte der Typologieforschung und der Vergesellschaftlichung der architektonischen Debatte im Diskurs halten. Die Auswahl der Texte folgt den drei Thesen, die für uns die wichtigsten Schnittstellen innerhalb jeder Nachhaltigkeitsperspektive von Architektur und Gesellschaft darstellen.

3 Thesen

a. Die Aktualität der Typologieforschung

Wenn man davon ausgeht, dass drei Bedingungen die Ausformung eines Architektur-Typus beeinflussen – konstruktive, klimatische und soziale – und wenn man an die Rolle der klimatischen Bedingungen (Energie-Effizienz, lokale Ressourcen, Minimierung des Anteils an »grauer Energie«...) innerhalb des nachhaltigen Diskurses denkt, versteht man, wie aktuell, entwicklungsfähig und forschungsadäquat die Typologietheorie ist. Das Transformationspotenzial architektonischer Typen, die Prinzipien des kybernetischen Entwerfens und ihre Anwendungsmöglichkeiten im Bestand werden von Günter Pfeifer erläutert. In seinem Text wird die Rolle der Typologie-Forschung in der Architekturdebatte und ihre Positionierung im heutigen Diskurs betont. Angèle Tersluisen beschreibt anhand einiger unterschiedlicher Haustypen die evolutionistischen Charaktere der klimatischen Aspekte in der Typologie-Forschung, während Biljana Stefanovska auf die Komplexität und die anthropologischen Aspekte dieser Evolution hinweist. Sarah Bein dokumentiert durch ein Forschungsprojekt eine konkrete Anwendung des Prinzips der Transformation in einer deutschen Siedlung der 50er Jahre. Rick Scheppat analysiert die Rolle der Fenster in der Baugeschichte und in der Nachhaltigkeitsdebatte. Das Fenster spielt als Vermittlungselement zwischen Innen und Außen sowie als wichtiger und prägender Bestandteil des Typus eine paradigmatische Rolle. In Anbetracht der Evolution architektonischer Elemente ist die dokumentierte Suche nach einer Balance zwischen räumlichen, sozialen und klimatischen Eigenschaften eine der wichtigsten Prüfungen für die Entwicklungsfähigkeit der Typologieforschung und für die stabile Durchsetzung von Architektur-Innovationen.

b. Die Relevanz des Lokalismus und Kontextualismus.

Vera Martinez zeigt, wie man ohne »Kontext« unter den introvertiertesten Lebensbedingungen, die man sich vorstellen kann, in einem geschlossenen System mit optimierten Recycling- und Versorgungsmethoden überleben kann. Schon kurz nach dem Zweiten Weltkrieg hatte der italienische Architekturhistoriker Bruno Zevi den Versuch unternommen, die Kontinuität einer organischen Linie der modernen Architektur aufzuzeigen und als Alternative zum modernen Mainstream darzustellen. Die Lehre Zevis konnotiert die »römische Schule« und bietet einen idealen Boden für die Nachhaltigkeitsdebatte, insbesondere für die Wechselwirkungen zwischen Innen und Außen, Architektur und Natur. Diese Prägung spiegelt sich in der Didaktik und Forschung von Marcello Pazzaglini, Guendalina Salimei und Nicoletta Trasi wider. Gemeinsam ist die Untersuchung der Grenzen zwischen Architektur, Städtebau und Landschaft. Durch die Verschmelzung dieser Kategorien entstehen interessante Ergebnisse, die einen fruchtbaren Dialog zwischen organischer Architektur und Nachhaltigkeit suggerieren. Trasi stellt anhand der Ergebnisse eines Forschungsprojektes die Vorteile der Koordination einer in drei unterschiedliche Maßstäbe gegliederten Herangehensweise, bezogen auf den Fall L'Aquila, dar. Die Vorteile dieser integralen Strategie und das notwendige Instrumentarium für die Architekten werden von Salimei formuliert. Luciano de Licio fokussiert das Thema des »social housing«. Er erklärt, in welcher Weise er einen der wichtigsten und dringendsten, nämlich den sozialen Aspekt der Nachhaltigkeit in der Architektur vertritt, der in den letzen Jahren vernachlässigt behandelt wurde, und wie für die Aufwertung der kulturellen Identität eines Ortes kollektive Architektur wieder denkbar ist.

c. Die Rolle des Schrumpfen

Die Idee der Wiedereinführung der Stadtgrenzen in Europa entspricht in erster Linie einer notwendigen Anpassung an das Phänomen des »Shrinking«[3] und indirekt könnte man sie als legitime Folge der ökonomischen Theorie der »Decroissance«[4] einordnen. Valter Fabietti erläutert anhand der Prinzipien der SUM (*struttura urbanistica minima*) und der präventiven Maßnahmen im Fall eines Erdbebens, wie unverzichtbar lokale (materielle und kulturelle) Aspekte für das Überleben einer Stadt sind. Giancarlo dell'Aquila interpretiert die notwendige »Pflege« des Bestandes als Chance und Konsequenz des Schrumpfens für die Städte, während sich Mario Ferrari auf die Landschaft konzentriert.

---

1   H. Scheer, *Energieautonomie: eine neue Politik für erneuerbare Energien*, München 2005.
2   F. Moussavi, A.Zaera-Polo, *Foreign Office Architects: Phylogenesis: Foa's Ark*, Madrid 2003.
    C.M. Lee Christopher, S. Jacoby, *Typological Formation: renewable Building, Types and the city*, London 2007.
3   P. Oswalt, T. Rieniet, *Atlas of Shrinking Cities*, Ostfildern 2006.
4   S. Latouche, *Petit traité de la décroissance sereine*, Paris 2007.

These 1

Die Aktualität der Typologieforschung

Zwischen Retrospektive und Prospektive. Nachhaltigkeit im architektonischen Bestand

Klimaschutz und Klimagerechtes Bauen haben in Deutschland Priorität. Das offizielle Klimamanifest »Vernunft für die Welt«, 2009 gemeinsam von Architekten, Ingenieuren und Stadtplanern verfasst, hat einige Thesen zum klimagerechten und nachhaltigen Bauen und Planen aufgestellt.

Im April 2010, also bereits ein Jahr nach dem Manifest, wurde in einer Veranstaltung in Berlin überprüft, in welcher Art und Weise die Thesen in die neuen Projekte von Architektur, Ingenieurbau, Städtebau und Landschaftsgestaltung eingeflossen sind. Die Versuche sind noch zaghaft. Innerhalb dieses kurzen Zeitraums von einem Jahr sind nur Impulse zu erwarten, und da scheint es einige zu geben.

Zu Beginn des Jahres 2010 hat die Bundesregierung der BRD ein neues Förderprogramm auf dem Sektor »energetische Sanierung« initiiert. Nach der ersten Welle der Altstadtsanierungen in den 60er Jahren und nach den ersten Jahren des Wiederaufbaus kommt nun die zweite Phase der Sanierungen. Dieses Mal soll die vorhandene alte Bausubstanz mit einer energetischen Verbesserung ausgestattet werden, die sich jedoch als weitaus problematischer darstellt als die vorher vorgenommene konstruktive und gestalterische Ertüchtigung.

Diese nunmehr auf dem Schwerpunkt »Energieeinsparung« vorangetriebene und geförderte Sanierung der Bestandsbauten erweist sich als komplexes Problem. Denn mit den üblichen Maßnahmen mittels Dämmungen, egal ob auf der Außen- oder Innenseite eines Gebäudes, wird man dieser Aufgabe nicht gerecht.

Dabei geht es nicht nur um Gebäude, die unter Denkmalschutz stehen; denn denkmalgeschützte Gebäude bilden zusammengenommen im baulichen Kontext eher die Ausnahme. Nur etwa 10% des alten Baubestands in der Bundesrepublik sind denkmalgeschützte Gebäude. Es geht um weit mehr. Es geht um die architektonische Kultur der Stadt.

Alte Gebäude sind im Besitz der vielen kleinen Bilder und Abbilder, die in den verschiedenen Kulturepochen gestaltprägend waren. Sockelausbildungen der Gebäude in verschiedenen Materialien, Fensterumrahmen in Stein, Profile, Lisenen, Kombinationen verschiedener Steinverzierungen mit Putz oder anderen Baustoffen. Mit diesen teilweise aus dem Typus heraus entwickelten Stilelementen wurde die Identität der Städte gebildet. Beispielhaft kann man dies an den Hansestädten Wismar oder Stralsund mit ihren gemauerten Giebeln der Kemladenhäuser sehen, ebenso an den Fachwerkhäusern der Städte in Hessen.

Nun hat das unselige Pelzmützenbild auf der Litfasssäule, das die Bundesregierung im Jahr 2009 als energetische Werbung verbreitet hat, eine Art »Verpackungswelle« ausgelöst, unter der das Bild der Stadt – sollte das weiter verbreitet werden – nachhaltig leiden wird.

Die Alternative der Innendämmung ist in Wirklichkeit keine sinnvolle Alternative: sie ist bauphysikalisch hochproblematisch und benötigt bei richtiger Anwendung viel Platz – was die Wohnflächen einschränkt. Die sogenannte Vakuum-Dämmung ist enorm planungsaufwändig, wegen der komplexen Verarbeitung kostenintensiv und vor allem im Gebrauch hochsensibel, denn jede Verletzung der Wand, wie zum Beispiel eine Befestigung, wird zum bauphysikalischen Gau.

Die Industrie bietet alle erdenklichen technischen Hilfsmittel und über modernste High-Tech-Methoden entwickelte Materialien an, um das Problem der Dämmung mit allen Mitteln zu kaschieren. So werden nun alle möglichen Arten von Stein-applikationen künstlich hergestellt, die in 3 bis 5 mm Stärke auf die Dämmung auf-geklebt werden. Man darf sich wundern, mit welcher Leichtgläubigkeit auf Lang-lebigkeit und Nachhaltigkeit der mehrfach aufgeklebten Schichten vertraut wird. Nun bleibt es ja keineswegs bei den Fakes für Mauersteine. Ganze Industriezweige generieren nun künstlich hergestellte Muster von Granit, Marmor, Sandstein und dergleichen. Abzuwarten bleibt noch das künstliche Holz, damit dann auch die Fachwerkbauten mit einer auf Wärmedämm-Verbundsysteme aufgeklebten Imita-tion nachgebaut werden können. Sieht man einmal davon ab, dass Vorgetäuschtes allgemeines Kulturgut und Identität ersetzen soll – das wäre ein Thema, mit dem sich die Ethikkommission oder die Philosophen zu beschäftigen haben – , werden diese Methoden das Gegenteil von Nachhaltigkeit sein.

Aber welche Alternativen gibt es?

Darauf gibt es keine einfache Antwort. Wir alle wissen, dass Dämmungen – ohne-hin nur gültig für bestimmte Klimazonen der Erde – nicht das Allheilmittel sind. Denn die Dämmung leidet an einem grundsätzlichen Systemfehler: Die im Über-fluss vorhandenen solaren Energien werden ausgeschlossen. Damit werden einfa-che biologische Prinzipien außer Acht gelassen. Das ökologische System beruht auf Interdependenz und gegenseitigem Nutzen, und es ist a priori kybernetisch angelegt.

Deshalb gilt es zunächst einmal die in den alten Bauten vorhandenen Potentiale, die zwar architektonisch eingesetzt wurden, aber energetische Wirkung haben, wahr-zunehmen, zu analysieren und in neue energetisch wirksame Strategien umzusetzen. Das sind unter anderem folgende:

- hohe Speichermassen aufgrund der dicken monolitischen Wände;
- große Kellerräume, die oftmals ungenutzt sind. Diese können als geothermische Potentiale angesehen werden;
- große Dachstühle, oftmals ungenutzt, bieten Möglichkeiten für Luftkollektoren oder thermische Kollektoren, wenn wir Teile der Dachflächen (zum Beispiel im Firstbereich) mit transparenten/transluzenten Materialien austauschen können. Da gibt es verschiedene Möglichkeiten die man auch architektonisch gestalten kann.
- Es gibt meist großzügige Grundrisse, die sich dazu eignen, unterschiedliche Klimabereiche auszubilden oder sogar einzelne Bereiche zur direkten Energie-gewinnung zu aktivieren.
- Die Nutzung der vorhandenen Prozessenergien wird in den Altbauten auch viel zu wenig berücksichtigt.

Aus dieser Aufzählung ist erkennbar, dass allein diese Fähigkeiten in den wenigsten Fällen genutzt werden. Das setzt zunächst einmal voraus, dass Gebäude einer genauen Analyse unterzogen werden, um dann eine planerische Strategie zu entwickeln, mit welchen Maßnahmen energetische Verbesserungen erzielt werden können. Zu den richtigen Strategien gehören jedoch immer mehrere Akteure.

Einerseits müssen Architekten in der Lage sein, kybernetisch zu denken und zu planen. Das erfordert neben einer gewissen Erfahrung über energetische Systeme vor allem ein hohes Maß an kreativen Erfindungs- und Entwurfsfähigkeiten. Ergänzend gehört dazu im frühen Bearbeitungszeitraum eine begleitende thermische Simulation und Beratung in der Gebäudetechnologie. Nur in einer transdisziplinären Arbeitsweise sind für den jeweiligen Altbau Entwurfsstrategien mit verschiedenen alternativen Untersuchungen möglich. Oftmals wird dazu auch ein »energetischer Abdruck« benötigt, der vergleichsweise einer in der Medizin üblichen DNA-Analyse aussehen könnte.

Andererseits müssen die begleitenden Kollegen der Denkmalsbehörden über die Fähigkeit verfügen, zeitgemäße Umbaumaßnahmen in ihrer architektonischen Qualität zu erkennen. Dies ist aus der Sicht der Architekten schwierig, denn die Verständigungsebene zwischen Architekt und Denkmalschutz ist vergleichsweise eng und bleibt schwierig. Der Grat zwischen einer auf Konservierung angelegten Arbeitsweise und einer auf Transformation und Neuinterpretation ausgerichteten Vorgehensweise ist schmal und setzt neben großem Einfühlungsvermögen – auf beiden Seiten – auch einen großen Sachverstand voraus.

Energetische Verbesserungen setzen immer auch architektonische Interventionen voraus. Wenn zum Beispiel der Anbau oder Einbau von Energiegärten erforderlich wird, müssen Einfügungen und Ergänzungen einerseits die bestehende Substanz respektieren wie auch andererseits klar sein muss, dass die heutigen Interventionen mit neuzeitlichen architektonischen Mitteln gelöst werden müssen. Die Sprache der Zeit war immer Teil eines Denkmals, denn bestehende Gebäude haben sich im Laufe der Jahrzehnte stetig verändert.

Mit dieser Strategie berührt man allerdings die Schnittstelle des Denkmalschutzes und befindet sich mitten in der Debatte zwischen der im Denkmalschutz üblichen Konservierung oder dem Ansatz der Retrospektive, die jegliche Veränderung verbietet. Der prospektive Ansatz, unter dem ich einen behutsamen Umbau zumindest in Teilbereichen verstehe, stößt oftmals auf Unverständnis und generiert Konflikte.

Anhand einiger realisierter Bauten kann man das beispielhaft vorführen:

- Die Stadtbibliothek Lörrach. Das ehemalige Kaufhaus steht unter Denkmalschutz und wurde zur Stadtbibliothek umgebaut. Neben einem neuen Treppenhaus mit Aufzug wurde auch ein Lichtschacht über 4 Geschosse in den Baukörper eingefügt. Da der Baukörper im Stadtraum nach Nordosten ausgerichtet ist und eigentlich überhaupt keine solaren Energieeinträge vorhanden sind, kann über den Lichtschacht ausreichend Süd-Westlicht ins Gebäude gebracht werden. Neben einer guten Tageslichtausbeute, die nun in das Raumkonzept der Bibliothek eingearbeitet wird, wird damit auch passive Energie gewonnen.

- Beim Umbau des Alten Rathauses in Lörrach wurde auf der Südseite ein Luftkollektor angebaut, der die solaren Energien sammelt und die erwärmte Luft im Gebäude verteilt. Die Nordseite des Gebäudes ist die eigentliche Denkmalsseite. Die Südseite hingegen reichte einmal in eine enge Altstadtgasse hinein und war baulich ziemlich heruntergekommen. Mit der Sanierung des gesamten Stadtgebietes wurde die Rückseite aufgewertet. Der Luftkollektor, eine Stahl- und Holzkonstruktion, transformiert die früheren so genannten »Lauben«, die als Pufferzonen vor die Häuser gestellt wurden. Die Funktion des Luftkollektors wurde technisch mit einer Wärmerückgewinnung kombiniert. Die konditionierte Luft wird über schlanke Luftschächte und Doppelwände im Gebäude verteilt. Das Gebäude musste nicht mehr zusätzlich gedämmt werden, die alten einfach verglasten Fenster mit den Sprossen und gusseisernen Beschlägen konnten im Originalzustand bleiben.

- Der Umbau der Markuskirche in Frankfurt basiert auf einer vollständig neuen Zonierung im Gebäude selbst, verbunden mit einer klimaaktiven Fassade, die auch Teile des vorhandenen Altbaus mit einbezieht. Das Konzept beruht auf einer Wiederherstellung der ehemals sehr guten Lichtdurchdringung. Spätere Anbauten und Einbauten hatten dem Innenraum jegliche Lichtimagination geraubt. Der neue vollständig und mehrschichtig verglaste innere Sakralraum ist von Raumschichten umlagert, die in unterschiedlichen Nutzungen vor allem differenzierte Klimazonen ausbilden. Diese Strategie wird bis in die Fassade dekliniert. Die äußere Glasschale bildet eine aktive Klimaschicht, die kombiniert mit Kastenfenstern energieeffizient wirkt. Die formale Ausbildung dieser Glasschicht gibt dem Zentrum ein prägendes Gesicht. In den Innenräumen wird diese formale Idee weiter verwendet und damit eine komplexe Verknüpfung von Licht und Energie geschaffen.

- Der Luftkollektor auf der Innenseite der St. Antonius Kirche in Stuttgart interpretiert die neue Liturgie der »Communio« räumlich und fasst damit die geringen solaren Energiegewinne mit Prozessenergie in ein integriertes und gesteuertes Kreislaufsystem. Der Luftkollektor, dieses Mal nur in Stoff ausgeführt, sammelt die – wenn auch geringen – solaren Energieeinträge, managt diese mit den Prozessenergien der Beleuchtung und der Nutzer und generiert damit ein gleichmäßiges Innenklima, das nur zu den Gottesdienstzeiten nachgeregelt werden muss. Der eigentliche Energiegewinn jedoch ist die Tatsache, dass die Kirche nach der Umgestaltung wieder deutlich mehr Gläubige anlockt.

- Bei der Renovation der katholischen St. Augustinus Kirche in Heilbronn regelt eine neu eingebaute Raumschale, die gleichzeitig auch zur Dämmung des großen Daches genutzt wird, die energetischen Gewinne. Die Raumschale wiederum transformiert den ehemals vorhandenen und zerstörten Raum, der in Zollinger Fachwerk ausgeführt war. Diese Raumschale mit den im Tragwerk eingespannten Polycarbonatplatten verschafft dem Inneren der Kirche ein außergewöhnliches Licht- und Farbenspiel, das je nach Lichtverhältnissen eine außergewöhnliche Imagination leistet.

Am Fachgebiet Entwerfen und Wohnungsbau an der Technischen Universität Darmstadt suchen wir im Verbund mit dem Fachgebiet Entwerfen und Stadtentwicklung nach anderen Strategie, die wir hier mit den einzelnen Themen kurz vorstellen wollen.

Für mein Fachgebiet heißt dies:
1. Erforschen der energetischen und kybernetischen Prinzipien der autochthonen Gebäudetypen, bezogen jeweils auf die unterschiedlichen Klimazonen.
2. Die Prinzipien der kybernetischen Verknüpfung von passiven Strategien zu Energiesammlung und -verwertung.
3. Transformation der Strukturprinzipien und damit neue Parameter für den architektonischen und energetischen Entwurf.

Wesentlich daran ist die Erkenntnis, dass alle Elemente, die sich aus der Transformation der Strukturprinzipien ergeben, sich nicht auf technische oder technokratische Parameter beziehen. Vielmehr sind dies alles Elemente aus der architektonischen Tektonik-, Konstruktions,- Fügungs- und Gestaltungslehre. Ergänzt werden diese Prinzipien mit einfachen physikalischen Gesetzen, vor allem aus den Bereichen der Thermik.

Wir werden also nicht umhin kommen, die energetischen Probleme der alten Bausubstanz mit etwas differenzierten Instrumenten zu bearbeiten.

Das erfordert eine grundsätzliche andere Arbeitsweise. Typologische Charaktere und Besonderheiten sind abzugleichen mit den vorgenannten Möglichkeiten. Energetische Simulationen sind mit den verschiedenen architektonischen Interventionen zu überprüfen und zu modifizieren. Zwangsläufig müssen diverse Alternativen dekliniert und durchgerechnet werden. Transdisziplinarität, kybernetische Methoden, Mehrfachcodierung von Teilelementen sowie Materialalternativen werden die Konzeptfindung begleiten.

Dies gilt im Allgemeinen für alle Gebäude im Bestand, unabhängig davon, mit welchen Nutzungen sie ausgestattet sind. Im Besondern gilt dies aber für den Wiederaufbau von alten und historischen Gebäuden. Wenn ich hier stellvertretend die Städte Gemona und Venzone in Friaul nenne, dann will ich damit ein Thema ansprechen, das in L'Aquila gerade aktuell ist. Dort böte sich die einmalige Chance, eine andere Art des Wiederaufbaus zu bereiben – einen Wiederaufbau, der auf den klimatischen und den geologischen Bedingungen aufbaut und mit dem Repertoire des Typus operiert, der dem Ort innewohnt. Wenn die Aufbaumaßnahmen mit energetischen Simulationen begleitet werden, die Kalkulation der Speichermassen mit der Duktilität der Konstruktion (das ist die Erdbebenfähigkeit einer Konstruktion) in Einklang gebracht wird und zuletzt, damit verbunden, die thermischen Fähigkeiten der Höfe, Patios und Schächte mit berücksichtigt werden kann, dann bietet sich die Chance, etwas zusammenzubringen, das sich möglicherweise etwas paradox anhört. Dann nämliche wird die Retrospektive zu einem prospektiven Modell.

Architektur in einer neuen postfossilen Gesellschaft

Der Begriff Expansion bedeutet etwas Positives, bezeichnet erwünschte und erwartete Phänomene – ökonomische wie Marktexpansion, Ausdehnung des Exports, Ausdehnung der Gebiete der Wissenschaft – oder soziale wie die Verbreitung der Alphabetisierung, der Bildung etc.

Im Gegensatz dazu sind Schrumpfung oder Einschränkung negativ besetzt. Markt-Schrumpfung, Export-Schrumpfung, Finanz-Schrumpfung, Einschränkung des Bildungsangebots, der Lebensqualität, der Menschenrechte, der Freiheit. Mit diesem Wortspiel könnte man alle Wissenschaften und etliche Disziplinen des Denkens durchsuchen und hätte die gleichen Ergebnisse: Ausdehnung und ihre semantisch verwandten Wörter haben eine positive Bedeutung, ihre Gegensätze sind negativ konnotiert. Auch der Städtebau hat sich in den letzten 200 Jahren nahezu ausschließlich mit Wachstumsprozessen befasst, und diese liegen seinen Vorstellungen und Handlungskonzepten, Theorien, Gesetzen und Praktiken zugrunde. So waren Kolonisierung, Stadtgründung, Bauland-Ausweisungen, Neubaugebiete, Erschließung, Bauboom und Stadterweiterung Schlüsselbegriffe der Stadtentwicklung der Moderne. Bauen wird bislang vorwiegend als Akt der Kolonisierung verstanden.

Das Beispiel Stadt

Der Prozess der waagerechten und senkrechten Ausdehnung der Stadt identifiziert sich mit allen wichtigen urbanen Utopien des letzen Jahrhunderts: die Gartenstadt, die Lineare Stadt von Miljutin als Aufhebung des Gegensatzes zwischen Stadt und Land in der jungen Sowjetischen Union, Broadacre City von Wright oder die Idee einer regionalen Stadt als Triumph eines individuellen *american way of life*; die Rasterung als Planinstrument und die undifferenzierte Ausdehnung der nordamerikanischen Städte; Chicago von Adler and Sullivan bis Mies van der Rohe und seinen Nachfolgern; die gegenwärtige Explosion asiatischer und afrikanischer Städte.

Kleinster gemeinsamer Nenner ist die Überschreitung der Grenze der vorindustriellen Stadt, als Konsequenz der Verstädterung, des demographischen Drucks, politischer und kultureller Visionen, technischer Errungenschaften im Bereich Verkehr, Mobilität und Bautechnik. Die Stadt ist im letzten Jahrhundert explodiert, sie hat die physische Identität verloren und sich zu einer diffusen Gestalt verwandelt, einer *nébuleuse urbaine*[1]. Die Rolle der Stadt und ihre Identifikation als Ort verschwindet aber nicht – sie wird, von finanzieller Natur und Substanz geprägt, zu einem Gravitationszentrum ökonomischer Transaktionen[2]. Die Konzentrationsprozesse von Dienstleistungen und Finanzzentren sind die einzigen Phänomene, die der Dispersion Widerstand leisten. In Städten wie Tokyo, New York, London, Frankfurt am Main, Milano wird der Verstädterungsprozess in den nächsten 20 Jahren nicht aufhören. Im Gegensatz zum Prozess der Erweiterung der Städte des letzten Jahrhunderts und ihrer dynamischen Metamorphose ist die Gegenwart der historischen Zentren ziemlich statisch – zum Teil museifiziert, zum Teil glorifiziert als idealstes Beispiel für die Planung neuer Städte[3]. Unbestritten ist, dass die Stadtzentren beliebter sind als die Peripherien (Stadterweiterungen) der Nachkriegszeit. Aber auch, dass die historische Stadt ursprünglich kein *Parnass* war und keine idealen Lebensbedingungen anbot.

Schrumpfen und Grenzen

Die Idee der Wiedereinführung der Begrenzungen der Städte in Europa entspricht in erster Linie einer notwendigen (und pragmatischen) Anpassung an das Phänomen des Shrinking (das Schrumpfen einiger europäischer Städte)[4]) und ist indirekt die legitime Folge dessen, was die ökonomische Theorie der *Decroissance*[5] beschreibt: die Idee des begrenzten Wachstums.

> *Mit dem 21. Jahrhundert wird die historisch einmalige Wachstumsepoche, die mit der Industrialisierung vor 200 Jahren begann, zu Ende gehen. Am Ende des 21. Jahrhunderts werden sich städtische Schrumpfungs- und Wachstumsprozesse die Waage halten – wie auch vor der industriellen Epoche.* P. OSWALT

Die Akzeptanz dieses Szenarios kollidiert mit dem Positivismus eines unbegrenzten Wachstums, aber auch mit der Furcht, Status, Reichtum, soziale und ökonomische Errungenschaften verlieren zu können, die Furcht vor einer konsequenten Degradierung auf vorindustrielle Lebensbedingungen.

Eine Infragestellung des Endes permanenten Wachstums ist mit relativer Gelassenheit auszuschließen; das Ende der Wachstums-Epoche ist auch nach UN-Prognose in Sicht: Nach Vorhersagen der UN wird sich die Weltbevölkerung um 2070 bei ca. 9 Milliarden Menschen stabilisieren und nicht weiter anwachsen. Zugleich werden gerade in den bevölkerungsreichen Ländern wie China und Indien die Verstädterungsprozesse weitgehend abgeschlossen sein, mehr als drei Viertel der Weltbevölkerung werden in Städten leben. Damit kommt die 300-jährige Periode eines historisch einzigartigen Wachstums zu ihrem Ende. Dieses Ende wurde im Meadow-Protokoll und im Bericht des *Club of Rom* (1972) schon längst prognostiziert und die Gründe dafür erläutert: Das Versiegen der Ölquellen und anderer fossiler Energien sowie der Klimawandel sind die Krisenauslöser. Die Folge muss jedoch keine Phase der Stagnation sein; auch ein dynamischer Transformationsprozess bei zunehmender Polarisierung ist möglich. Wachstums- und Schrumpfungsentwicklungen, Innovation und Tradition werden sich die Waage halten und gegenseitig bedingen.

> *Preservation and modernity are not opposites. Preservation was ,invented' as part of a groundswell of modern innovation between the french revolution and the industrial revolution in England. In a maelstrom of change, it is crucial to decide what will stay the same (…)* R. KOLHAAS

Innovation und Tradition.
Die Rolle der autochthonen Architektur

Die Geschichte der Klassischen Moderne ist nicht nur vom Radikalismus konno-tiert; selbst Le Corbusier, der radikalste Vertreter der neuen Sprache, war ein mul-tidimensionaler Denker. In der Architektursprache der Klassischen Moderne hatte sich die radikalste Komponente der Erneuerung durchgesetzt, aber auch in ihren heroischen Momenten hat sich die Klassische Moderne aus Tradition genauso wie aus Intuition und Radikalismus genährt. Nach der Phase des Purismus und des Glaubens an das »Mechanische Paradigma« entwickelte Le Corbusier sein Inter-esse für die spontane und autochthone Architektur, ein Interesse, das sein Werk bis Ronchamp prägen sollte[6]: Die weiße Architektur, das *brise soleil*, die begeh-baren Dächer, die Studien von Sao Paulo, Algier, Rio de Janeiro, die Studien der traditionellen Häuser aus Alsazien, aus Istanbul, die Studien der Antike in Rom, seine Projekte für Chandigar, von Roq e Rob in Cap Martin (1949), das Haus Sara-bhai in Ahmedabad (1951), das *Maison* Jaoul in Paris (1955) dokumentieren die Aufmerksamkeit eines der radikalsten Vertreter der radikalsten Bewegung der Architekturgeschichte für die traditionellsten Prinzipien und Herangehenswei-sen der Architektur. Die Aufmerksamkeit für autochthone Architektur und für die Kontinuität der Entwicklung, Vertiefung und Verbesserung von Typologie und morphologischen Strukturen hat nie abgenommen; die Aufmerksamkeit für die Korrespondenz zwischen Lebensformen, sozialen Strukturen und architek-tonischen Formen, zwischen Architektur und Kontext ist immer von enormer Bedeutung gewesen und muss wieder ins Zentrum des Diskurses gerückt wer-den. Unsere These ist, dass die Schrumpfungskultur dynamische Transformati-onsprozesse generieren wird und zu einer kritischen Rehabilitation existierender Strukturen und Typen führen muss – Strukturen und Typen, die sich als adäquate und anpassungsfähige Lösungen für gegenwärtige Problemstellungen beweisen können. Was hiermit behauptet wird, ist, dass die Konservation des Vorhandenen nicht nur notwendig ist, sondern auch zum Experimentierfeld für die innovativste Ansätze werden kann.

Zurück nach Europa

Die Abhängigkeit zwischen sozialen Strukturen und klimatischen Bedingungen in Nordafrika und in der Türkei der 50er Jahre wurde von Le Corbusier intensiv untersucht. Der Grund waren die dortigen gesellschaftlichen Strukturen und die klimatischen Bedingungen, die dank ihrer Eigenschaften ihre Abhängigkeit und Wechselwirkung mit der Morphogenese und Entwicklung architektonischer Typen und Morpho-Strukturen am besten beweisen konnten. Auch seine Nachfolger Josip, Candilis und Woods haben die Sprache der Klassischen Moderne durch ihre typo-logischen Studien der nordafrikanischen Siedlungen und Trasformationspotenziale bereichert. Diese extraeuropäischen Beispiele geraten nun wegen der Zentralität des Klimas als entscheidender Faktor für die Planung wieder ins Rampenlicht. Damals wie heute dient die karge, vielerorts noch unbesiedelte Wüste als Testgelände für ein neues Verständnis von Architektur und Städtebau. Anhand eines außereuropäischen Beispiels, der neu geplanten Stadt von Masdar in Abu Dhabi, werden wir versuchen, die Aktualität folgender Charaktere zu beweisen:

1. Begrenzung
2. Verdichtung
3. Schwellenräume und die Vermittlung zwischen privaten und öffentlichen Sphären
4. Typologische Homogenität

Die Architektur der arabischen Stadt

Die Auseinandersetzung mit klimatischen Aspekten der arabischen Stadt kann – transportiert über Projekte wie Masdar – Impulse für klimagerechte und energie-effiziente Planungen in Europa geben.

Der Fall Masdar, entworfen 2008 von einem Team unter der Leitung von Norman Foster, ist aus zwei Gründen von besonderen Interesse:

a) Als Utopie wird eine »Null-Emissions-Stadt« angestrebt.

b) Bei diesem Projekt werden autochthone Bauprinzipien mit den neuesten Simulationstechnologien in Verbindung gebracht. In diesem Sinn ist Masdar der interessanteste Fall einer experimentellen Polarisierung: Innovation und Tradition halten sich die Waage und bedingen sich gegenseitig.

1. Begrenzung

Die Stadt ist (ideal) eingegrenzt durch eine maximale vorgesehene Größe und ist erweiterungsunfähig. Innerhalb der Stadt herrschen akzeptable Lebensbedingungen, außerhalb – bei 50° C und Wassermangel – nicht. Michel Torga schreibt 1954: »Das Universale ist das Lokale ohne Mauer«. Masdar, das keine Stadtmauer hat (man könnte sich aber eine vorstellen), bildet im Torgaschen Sinn eine Metapher des *Glocals*: Die Stadt ist nicht erweiterbar, weil das Außen unkomfortabel und gefährlich ist, aber seine Beziehungen zum internationalen Forschungsnetz werden ständig wachsen. Das Prinzip der Wachstumverweigerung der Stadt erinnert an das Schneckenprinzip von Ivan Illich:

> *Eine Schnecke erweitert den filigranen Aufbau ihres Hauses um eine Anzahl immer größerer Ringe. Sie hört mit ihrer Bautätigkeit auf, wenn ein einziger weiterer Ring das Haus um das Sechzehnfache vergrößern würde. Anstatt der Schnecke lebensdienlich zu sein, würde dieser eine weitere Ring sie mit einem solchen Überwicht belasten, dass jedes Wachstum ihrer Lebensaktivitäten gebremst würde durch die Aufgabe, die Schwierigkeiten zu bewältigen, die die Vergrößerung des Hauses über die Grenze des Zweckdienlichen hinaus nach sich zöge.* [7]

2. Verdichtung

Masdar ist so dicht gebaut wie eine traditionelle arabische Stadt, um die optimalste Verschattung der Außenbereiche zu ermöglichen. Durch die Verdichtung wird eine Optimierung des Infrastruktursystems ermöglicht. Kompakt zu bauen bedeutet Bodenersparnis, die Optimierung der Versorgungssysteme kürzere Wege mit ökonomischen Vorteilen, weniger Kabel, Rohre, Energie, Emissionen und Asphalt.

3. Schwellenräume

Die Räume der Vermittlung zwischen privater und öffentlicher Sphäre, des Verhältnisses von Innen- und Außenraum, sowohl im Inneren des Hauses als auch in der Stadt, bilden einer der Schwerpunkte des heutigen Interesses an der arabischen Stadt. Sie konnotierten auch die europäische Stadt am Mittelmeer, in Italien, Spanien, Griechenland und Frankreich.

Diese Räume, Höfe, Portikus, Loggien, waren klimatisch bedingt, spendeten Schatten und Kühlung, schützten vor Witterung und hatten eine wichtige soziale Rolle als Räume der Begegnung (diese doppelte Natur – klimatisch und sozial – ist das Interessanteste.) Sie haben in der modernen Stadt wegen der zunehmenden Rolle des Autos, der neuen Definition von öffentlichem Raum und der Rolle des Kommerzes an Bedeutung verloren.

In Masdar tauchen diese Räume nun wieder auf. Ihre klimatische Komponente wird hervorgehoben: Raumsequenzen mit gesteuerter Luftzirkulation, um das Außen- und Innenklima der Gebäude mit dem Ansatz von low-tech zu regeln. Wichtig wäre auch, ihre sozialen Potenziale zu untersuchen.

4. Typologische Homogenität

Die traditionellen architektonischen Typen in ihrer über die Jahrhunderte entwickelten Anpassung an geographische und klimatische Faktoren liefern entscheidende Erkenntnisse über die Nutzung lokaler Ressourcen und Standortfaktoren. Die Qualität traditioneller arabischer Bauweisen hat sich während einer langen Selektion durchgesetzt. Faktoren, die diese Selektion mitbestimmten, waren die Extreme der Natur, anders als im europäischen Kulturraum, wo kulturelle und soziale Aspekte entscheidend waren. Die typologische Homogenität ist die Bestätigung der Akzeptanz der daraus entstandenen Typen, ihre Wiederholung entspricht einer Legitimation und hat als Folge einen homogenen Ausdruck der Stadt. Wären die 4 oben genannten Prinzipien weniger von Interesse, wenn sie in der europäischen Stadt angewendet würden? Unsere Überzeugung ist, dass die europäischen Stadtzentren – untersucht am Fall l'Aquila – ein interessantes Forschungsfeld für klimatische Maßnahmen bieten können. Diese Maßnahmen könnten eine Rolle als Impulsgeber für die Rehabilitation der sozialen Charaktere einnehmen, die sie implizieren. In diesem Sinn könnten die historischen Stadtzentren zum Forschungsfeld für technologische Innovation und zum nachhaltigen Labor für die gegenwärtige Stadt werden. Im Folgenden werden die oben genannten 4 Punkte im Hinblick auf die historischen europäischen Stadtzentren analysiert.

Die Architektur der europäischen Stadt
1. Begrenzung

Betrachtet man die Folgen des *Sprawl* für einige italienische Regionen, wie die Adriaküste oder die Region zwischen Mailand und der Schweiz, werden die Nachteile offensichtlich. Die Stadt ist zu einem Kannibalen geworden, der Boden, Küsten, Wälder, Berge frisst, zu einer Gestalt, in der die Vorstellungen metropolitaner Identität und Öffentlichkeit dekonstruiert werden.

Mit der Chance des Schrumpfens wird die Perspektive einer Wiedereinführung der Begrenzung praktizierbar. Dadurch würden sich zwei wichtige Chancen ergeben: Räumlich könnte wieder sinngerecht geplant werden und sozial könnten Räume der Wiedererkennung, der Identität und einer fähigen koordinierten und solidarischen Aktion ins Leben gerufen werden.

2. Verdichtung

Wenn man die Konsequenzen der durch die private Mobilität verursachten Entgrenzung des städtischen Raumes analysiert, wird das Verdichten zum moralischen Verhalten. Von der autogerechten Stadt muss man zur fußgängergerechten Stadt zurückkehren. Autos müssen aus dem Stadtraum verbannt werden, wegen der Emissionen, der Versiegelung des Bodens, des Lärms – und um Lebensraum wiederzugewinnen (was die Einführung von elektrischen Autos nicht garantieren wird). Man muss ins Netz der öffentlichen Verkehrsmittel investieren und seine Geographie konsequent in zeitlichen Distanzen neu denken. Von jeder Wohnung aus muss eine Haltestelle in wenigen Minuten erreichbar sein, wie die maximalen 7 Minuten nach dem Beispiel der Stadt Dongtan in der Nähe von Shanghai, entworfen von Arup, oder wie in Masdar selbst, wo die Haltestellen des elektrischen und computergesteuerten öffentlichen Verkehrssystems maximal 2 Minuten von einander entfernt sind.

3. Schwellenräume

Das Prinzip des Zusammenspiels zwischen dem Haus und dem öffentlichen Raum, wie im *De re aedificatoria* vom Leon Battista Alberti beschrieben, ist eines der am meisten zu bedauernden Opfer der modernen Stadtplanung. Mit der Reduktion der Straße auf Transportinfrastruktur und die Schaffung klimatisch abgedichteter Räume polarisiert sich das Verhältnis zwischen dem Raum des Aufenthalts und dem Raum der Straße. Diese Polarisierung zerstört alle Räume, die eine Vermittlungsfunktion zwischen individuellen und kollektiven Räumen hatten. Eine ganze Kategorie wichtiger Räume geht dadurch komplett verloren: überdachte, durchgängige, den öffentlichen Bereich strukturierende Räume. Räume, die immer eine wichtige Rolle in der Stadt hatten: in der hellenistischen Stadt, im Mittelalter (seitlich der christlichen Kirchen als *Nartece* angelegt), in der kommunalen Epoche in Italien (Loggien, Arkaden) sowie in der präindustriellen Stadt (*Portici*). Mit der Einführung der thermischen Zonierung (Pufferzonen mit unterschiedlichen Temperaturen innerhalb des gleichen Gebäudes)[8]) werden Schwellenräume wieder attraktiv. Die klimatischen Argumente werden aber nicht ausreichen, um die Qualität dieser Räume zu gewährleisten. Ohne zusätzliche entwerferische Aufmerksamkeit würde zwischen einem verglasten Atrium und dem »Cortile comunitario« das gleiche Verhältnis entstehen wie zwischen der Straße (wie sie vor dem Auto aussah: die lebendige Bühne des urbanen Lebens) und den Passagen[9] des Kommerzes. Durch die übertriebene Bevorzugung eines Aspektes entsteht eine semantische Verarmung des Modells. Die klimatische Strategie allein ist nicht in der Lage, die Komplexität und Schönheit dieser Räume wieder ins Leben zu rufen. Die Straße als öffentlicher

Raum: Auch der Verzicht auf Autos ist eine Vorbedingung, um die Straße wieder lebendig zu machen[10]. Der Verzicht auf Autos in der Stadt oder alternative Lösungen wie in Masdar werden aber nicht automatisch das »Zusammenspiel« privater und kollektiver Räume wiederherstellen. Der Verzicht auf Autos oder das Verbreitern der Fußgängerzone sind wichtige, aber nicht ausreichende Voraussetzungen für die Verbesserung der Lebensqualität in den Städten[11].

4. Die typologische Homogenität war immer ein Charakter der europäischen Stadt [12]

Der Künstler (in diesem Fall der Architekt / Städtebauer) muss keine Selbstverwirklichung suchen, er muss sachlich bleiben, weil er sich der Gesellschaft verpflichtet fühlt, deren Gefühle und Ambitionen er durch seine Kunst zu interpretieren versucht.
H. P. BERLAGE

Einerseits ist eine mäßige Haltung der Architekten mit besonderer Aufmerksamkeit für den Kontext und seine Charaktere wichtig, andererseits auch die Aufwertung der autochtonen Architektur. Für die Aufwertung ist eine Überprüfung der klimatischen, strukturellen und sozialen Anpassungsfähigkeit nötig, ebenso wie eine Relativierung der formalen Erfindung zugunsten des Verhältnisses gut und notwendig ist.

5. Form follows energy but please not a new Fiasko [13]

Die Aufmerksamkeit für das Verhältnis zwischen der Form und seiner Entstehung bietet die Chance, die typologische Studie wieder im Sinne der Väter seiner modernen Aufwertung zu interpretieren[14]. Als Kontext sind nicht nur lokale Ressourcen und klimatische Bedingungen gedacht, sondern auch soziale Gewohnheiten und identitätsstiftende Charaktere. Die typologische Studie, so gedacht, bietet die Möglichkeit, die Disziplin des Entwerfens vor einem exzessiven Historismus und Antimodernismus zu schützen und vor einer technizistischen Obsession (Optimismus in der »thaumaturgischen« Rolle der Technik[15]), die die Klassische Moderne zum Fiasko geführt hat, zu bewahren. Leider ist im Nachhaltigkeits-Diskurs wieder eine überbewertete Rolle der Technik zu beobachten[16], so als ob ihre Verantwortung für die Fehler der Moderne nicht anerkannt würde. Der Begriff Energie anstatt Funktion in dem missbrauchten Zitat von Sullivan *Form follows Function* klingt ironisch: als ob einfach mit diesem Wortspiel die Gefahr eines erneuten Fiaskos beseitigt wäre. Der evolutionistische Charakter der Studie des Typus (der in der Tat eine Art Renaissance erlebt) muss hervorgehoben werden. Die Lehre Caniggias und Muratoris [17] über die Betonung der formalen und strukturellen Kontinuität traditioneller Städte ist noch aktuell. Ihre damalige Aktualisierung der Typologie-Forschung von Quatremère de Quincy ist immer noch interessant, besonders was die Transformationslehre und die Verwandtschaft mit der Biologie angeht: »wie genetische Inhalte mit ihrer Umwelt interagieren« (Caniggia). Dieser immer noch visionäre Standpunkt sieht Stadt nicht als Metapher sondern als einen biologischen Prozess. »Obwohl sie die Variationen als real auffassten, scheiterten sie dennoch, weil sie wieder den Fehler begingen, Variationen zu statischen Abstraktionen zu reduzieren»[18]. In diesem Sinn musste der Typus im morphogenetischen Prozess untersucht werden, als eine offene dynamische Struktur. Wenn man davon ausgeht, dass drei Bedingungen die Ausformung des Typus beeinflussen[19], konstruktive, klimatische und soziale, und wenn man an der Rolle der klimatischen Bedingungen (Energie-Effizienz, lokale Ressourcen, Minimierung des Anteils an »grauer Energie«...) innerhalb des nachhaltigen Diskurses denkt, versteht man, wie aktuell diese Herangehensweise sein kann und wie entwicklungsfähig und forschungsadäquat die Typologielehre ist. So würde man auf die Prämisse dieses Textes zurückgreifen können: dass die Auflösung des durch die Klassische Moderne entstandenen ideologischen Konfliktes zwischen Präservation und Modernismus unbedingt zu lösen ist, um die Klassische Moderne in der Architektur und in den Köpfen definitiv überwinden zu können.

1   A. Corboz, P. Viganò, *Ordine sparso: saggi sull'arte, il metodo, la città e il territorio*, Milano 2007.

2   M. Castells. *The rise of the Network Society*, Oxford 2000.

3   H. Bodenschatz, *Strategien zur Revitalisierung*, in: Planerin 1(2002)

4   P. Oswalt, T. Rieniet, *Atlas of Shrinking Cities*, Ostfildern 2006.

5   S. Latouche, *Petit traité de la décroissance sereine*, Paris 2007.

6   K. Frampton, »Le Corbusier e la monumentalizzazione dei linguaggi spontanei«, in: *Storia dell'architettura Moderna*, Bologna 1993.

7   I. Illich, R. Kriss-Rettenbeck, *Zu einer historischen Kritik der Gleichheit*, München 1995.

8   Siehe den Artikel von G. Pfeifer in dieser Publikation

9   W. Benjamin, *Das Passagen-Werk*, Frankfurt am Main 1983.

10 S. Porta, *Dancing street*, Milano 2002.
    Siegfried Kracauer, *Jacques Offenbach und das Paris seiner Zeit*, Amsterdam 1937.
    Charles Baudelaire, *Le Spleen de Paris*, Paris 1943.

11 Das *pedestrian Paradies* in Melbourne, die Kreatur einer Kooperation zwischen der Stadt und Jan Gehl zeigt beispielhaft Grenze und Chance solcher Szenarien.

12 A. Rossi, *L'architettura della città*, Milano 1966.

13 P. Blake, *Form Follows Fiasco: Why Modern Architecture Hasn't Worked*, London 1978.

14 S. Muratori, *Studi per una operante storia urbana* di Venezia, Roma 1959.

15 G. Consonni, *L'internità dell'esterno*, Milano 1989.

16 B. Cody, »Stadt der Zukunft«, *Der Entwurf* 11 (2010).

17 ibidem

18 P. Trummer, »Vom Typus zur Population», *Archplus* 189 (2008).

19 ibidem

Grundlegendes. Was hat Ihr Haus drauf?

Das deutsche Bundesministerium für Verkehr, Bau und Stadtentwicklung warb im Winter 2009/2010 mit sehr eindrücklichen Plakatierungen für den winterlichen Wärmeschutz. Eines der Plakate trägt den Titel: »Die beste Art zu Heizen: mit Verstand. CO_2 Gebäudesanierung.« Abgebildet ist ein Einfamilienhaus, das (statt Dach) eine dicke rote Wollmütze mit kräftigem Bommel und eine große, verspiegelte Skibrille trägt. Das Plakat bildet einen schönen Wintertag ab: es liegt eine dichte Schneedecke, aber der Himmel ist strahlend blau und die Sonne scheint hell und warm. Macht das nicht stutzig?

Auf der Suche nach weiterhelfenden Analogien betrachte ich mich und meinen Umgang mit Klima und Wetter. Im Winter trage ich dicke Stiefel, einen warmen Mantel mit Kapuze, wenn es heftig windet zusätzlich noch eine wärmende Mütze, vielleicht sogar mit Ohrenklappen, sicher einen Schal. Wird es jahreszeitenbedingt wärmer, passe ich die Kleidung an. Der dunkle Mantel wird gegen eine kurze, helle Jacke eingetauscht. Kapuze, Wollmütze und isolierende Stiefel tausche ich gegen Schirmmütze und Halbschuhe oder gar Sandalen. Die Beinkleider werden von Grad zu Grand Außentemperatur immer luftiger. Da fällt mir das Bild des Polarforscher ein, dessen Gesicht im eisigen Wind und Schnee arbeitend hinter der dicken eng zugezurrten Fellkapuze und der wärmenden gesichtsbedeckenden Sturmhaube fast verschwindet. Ganz anders die Skifahrer auf der Berghütte, die ihre Skianzüge und Jacken öffnen, Mütze und Brille ablegen und ihre Gesichter in die Sonne wenden, um die Wärme zu genießen. Fest steht: der Mensch lebt mit der Sonne und dem Wetter.

Mir kommt wieder diese Werbung in den Sinn: »Die beste Art zu Heizen: mit Verstand. [...]« Dieser Titel scheint mir nach diesen Überlegungen nicht ganz glücklich gewählt. Das Plakat verdeutlicht eigentlich nur, wie das Haus geschützt werden kann: mit einer dicken warmen Mütze und einer verspiegelten, großen, dicht abschließenden Sonnenbrille, die das Haus vor der Sonne schützt.

Diese Art von Plakaten ist im öffentlichen Stadtraum sehr präsent und prägt das Bild von energieeffizienten Eigenheim. Verfolgt man die Werbebotschaften, fallen einem eine Vielzahl von Webungen auf, die das energieeffiziente Haus als additiven Bausteinkasten abbilden. Die Solarzelle ist zum Inbegriff des früher als ökologisch Bezeichneten geworden. Wer kennt nicht die diversen Werbeplakate, die Häuser mit Solarzellen zeigen? Ein Plakat einer Wiesbadener Bank verdeutlicht das Dilemma. Es zeigt eines der bekannten roten hölzernen Monopoly-Spielstein-Häuschen – verfremdet mit stattlichen Solarzellen auf dem Dach. Das Bild trägt die Überschrift: »Und was hat Ihr Haus drauf?«. Die Werbung suggeriert, dass das eigene Haus erst wertig ist, wenn es eine Solarzelle auf dem Dach trägt. Und dass das Ganze ein Kindcrspiel ist. Und dass es zudem um Geld geht. Um viel Geld – und um das Glück des Spielers.

Und das Haus? Generell werden folgende Themen beworben:

- Energieeffiziente Häuser müssen kompakt sein.
- Energieeffiziente Häuser müssen gut gedämmt sein.
- Energieeffiziente Häuser brauchen gute, wärmeisolierende Fenster.
- Energieeffiziente Häuser müssen dicht sein.
- Energieeffiziente Häuser brauchen Solarzellen.
- Energieeffiziente Häuser brauchen Erdwärme.
- Energieeffizienz als additive Zusatzfeatures?

Geht man davon aus, dass Energieeffizienz nicht nur Solarzelle sondern unumgänglich Raum bedeutet und Raum direkt bedingt, und dass Architektur als komplexes Ganzes das Ästhetische, das Kulturelle und Soziale, das Konstruktive, Materielle und natürlich das Energetische miteinander verwebt, dann müssen wir Architekten den allseits präsenten Werbestrategien kräftig widersprechen und eindrückliche Alternativen bieten.

Kenneth Frampton prägte einst den Begriff der Tektonik.[1] Er schrieb:

> *Hängen [...] Struktur und Konstruktion eng miteinander zusammen [...], so scheint es, als erwachse das tektonische Vermögen des Ganzen aus der Eurhythmie der verschiedenen Teile und seiner Verbindungen.*

Schauen wir uns in den gewachsenen Altstädten dieser Welt um: sie sind von der Stadtstruktur bis ins Detail der Häuser schlüssig verwoben. Unsere neu geschaffenen Vorstandarchitekturen mit den kompakten, abgedichteten Wohnkubaturen halten da kaum mit.

Einordnung der Hauskybernetik – Begrifflichkeit

Der Begriff der Kybernetik stammt ursprünglich aus dem Griechischen und bedeutet im Allgemein so viel wie Steuermannskunst. Im Laufe der Zeit entwickelte sich der Begriff zur Bezeichnung einer wissenschaftlichen Forschungsrichtung, die vereinfacht umschrieben vergleichende Betrachtungen über prinzipielle Gesetzmäßigkeiten behandelt. Der Mathematiker Norbert Wiener (1894–1964) prägte den Begriff der Kybernetik als Wissenschaft, die sich mit dynamischen Systemen und deren in funktionalen Beziehungen stehenden Bestandteilen beschäftigt. Kybernetische Systeme sind nach Wiener Systeme, die auf Einwirkungen von außen (Informationen) reagieren. Die Kybernetik untersucht die inneren Zusammenhänge solcher kybernetischer Systeme. Wieners Publikation mit dem Titel »The Human Use of Human Beings – Cybernetics and Society«[2] gilt als prägend.

Der Biophysiker Heinz von Foerster bezog die Ethik als Ganzheitliche Betrachtungsweise mit in die Wissenschaftliche Strömung ein.[3] Max Bense (1910–1990), ein Philosoph, formulierte zeitgleich den Begriff der Kybernetik als verwobene Einheit von Naturwissenschaften, Kunst und Philosophie.[5]

Den architektonisch entscheidenden Einfluss gab Frederic Vester (1925–2003), der in seinem Buch »Neuland des Denkens« die Kybernetik wie folgt beschrieb:[2]

Unter Kybernetik [...] verstehen wir [...] die Erkennung, Steuerung und selbsttätige Regelung ineinander greifender, vernetzter Abläufe bei minimalem Energieaufwand«[6]

An dieser Umschreibung knüpft der Begriff der Hauskybernetik an. Die unweigerliche Grundlage bildet das Studium der Strukturprinzipien autochthoner Haustypen.

Einordnung der Hauskybernetik – Autochthone Haustypen

Denn energetisch-ökologische Entwurfs- und Planungsaspekte machten seit jeher einen elementaren Teil des Planens und Bauens aus, vernetzte Abläufe bei minimale Energieaufwand spielen seit jeher eine elementare Rolle. Durch generationenübergreifende Erfahrungs- und Wissensvermittlung entwickelten sich die Häuser im Spiegel des jeweils technisch und konstruktiv Möglichen über die Jahrhunderte hinweg zu zeitgemäß optimierten, energetisch komplexen Haustypen. Zeitgemäß optimiert, da man die Effektivität natürlich nur vor dem Hintergrund des zur jeweiligen Zeit technisch und konstruktiv Möglichen bewerten kann und sollte. Unstrittig jedenfalls ist, dass der schonende Umgang mit den lokal zur Verfügung stehenden Ressourcen, das größtmögliche Einbeziehen der jeweiligen Behaglichkeits- und Hygieneanforderungen in die Architektur die funktionale Ehrlichkeit, die Kenneth Frampton mit dem Begriff der Tektonik belegte, hervorbrachte. Diese wird für mich immer spürbar, wenn ich die alten Haustypen studiere. An den Beispielen des Japanischen, des Iranischen, des Griechischen und für die kälteren Regionen des Norwegischen Lofthauses und des Niederdeutschen Hallenhauses möchte ich die Bandbreite energetisch relevanter Strukturprinzipien und deren zwangsläufige Ableitung aus Klima und Region verdeutlichen.

Das japanische Haus befindet sich im Subtropischen Ostseitenklima, mit heißen Sommern und kühl-gemäßigten Wintern, geringen Tag-Nacht-Unterschieden und im Sommer sehr hoher Luftfeuchte. Der Niederschlag kann im Sommer sehr stark sein. Hauptaugenmerk liegt auf dem Kühlen und Entfeuchten in den Sommermonaten.

Betrachtet man die Stadtstrukturen, z.B. die Altstadt von Kyoto, erkennt man orthogonale, hirarchische, schnurgerade Straßensysteme. Die definierten Quadranten sind mit Einzelhäusern besetzt, die dicht, dennoch mit Abstand nebeneinander stehen. Dies hat zum einen den Grund, dass im Erdbebenfall die Häuser strukturell souverän sind, zum anderen gewährleistet diese Bauweise ebenso wie die schnurgeraden Straßen- und Gassensysteme in den schwülen Sommermonaten eine optimale Durchlüftung der Stadt. Die Stadtparks und begrünten Freiflächen erzeugen natürliche Kühlung des Stadtraumes.

Die Stadtstruktur bedingt die Hausstruktur und umgekehrt. Das japanische Haus ist ein leichter, aufgeständerter Holzbau mit weit auskragendem Dach, einer Vorzone (Engava) und überwiegend nutzungsneutralen, auf ganze Breite aufschiebbaren Räumen. Die verwendeten Materialien (Holz / Bambus / Papier) sind saugfähig und feuchteregulierend.

Der Schnitt eines traditionellen Hauses zeigt die strukturelle Systematik: der Dachüberstand der Vorzone, die sowohl Innen-, als auch Außenraum, ergo eine Art Filterschicht oder Schwellenraum zwischen dem Innen- und dem Außenraum darstellt, ist so tief, dass die Sommersonne nicht in den Innenraum gelangen kann, die Wintersonne jedoch weit in den Raum fällt und dort die Tatami-Matten erwärmt. Die Räume sind so angelegt, dass mit Hilfe der flexiblen Raum-Trennelemente im schwülen Sommer ein entfeuchtender Luftzug erzeugt wird. Der aufgeständerte Boden und die Dachkonstruktion sind durchlüftet. Die Konstruktionsdetails sind für damaliges technisches Können bemerkenswert: die Brüstungen der Vorzonen können durch mechanisches Verschieben der Elemente im Sommer geöffnet, im Winter zu Pufferräumen verschlossen werden. Das Austauschen des in den heißen Monaten genutzten dünneren Papiers der Wandelemente gegen dickeres Papier im Winter gehört ebenfalls zu den dynamischen Strategien.

Die klimabedingten, strukturellen Unterschiede können im Vergleich zum iranischen Haus verdeutlicht werden. Das iranische Haus befindet sich in der Zone des Trockenen Passatklimas, einer Zone mit heißen Sommern und kühl-gemäßigten Wintern, großen sommerlichen Tag-Nacht-Unterschieden und einer geringen Luftfeuchte. Das Klima ist trocken-heiß. Hauptaugenmerk liegt auf dem Nutzen der nächtlichen Kühle bzw. dem Schutz vor Sonneneinstrahlung.

Die Bedingungen des Klimas sind in der Stadtstruktur direkt ablesbar. Die Stadtstruktur erscheint wie eine große, schwere Masse, in die dünne, nicht durchgängige, verschattete Gassensysteme eingeschnitten und kleine Höfe eingestanzt sind. Betrachtet man Bilder der öffentlichen Plätze, scheint es, als spielte sich das Leben in einer Art Subebene ab. Helle, gebündelte Lichtstrahlen durchdringen den Schattenraum, Wasserbecken reflektieren das Licht ins Schummrige. Das Bild der Stadt ist geprägt von Windtürmen, die hier und da aus der Masse herausragen. Schaut man sich ein traditionelles Hofhaus an, versteht man die Prinzipien der Stadt- und Hausstrukturen. Sowohl Stadt, als auch Haus, bestehen aus kräftigen Speichermassen, die es ermöglichen, die Kühle der Nächte tagsüber, zeitverzögert, freizusetzen und so die Hitze zu regulieren. Die verschatteten engen Gassen der Stadt sind nicht zu lang: so können die heißen Winde tagsüber nicht in die Gassen drücken. Die Kühlung des Hauses erfolgt über Durchwindung. Durch Druck oder Sog, den der vorbeistreichende Wind in den Windtürmen erzeugt, wird ein Luftzug über das im Hof angeordnete Wasserbecken gedrückt oder gezogen. Wasser und Vegetation im Hof sorgen für adiabate Kühlung. Manche Haustypen weisen Erdkanäle auf, in denen die Luftströme zusätzlich vortemperiert werden. Der Hof ist mit vielerlei verschattenden Umgängen, energetischen Schwellenräumen, umzogen.

Das Griechische Haus , als weiteres Beispiel der heißen Regionen, befindet sich im Winterregenklima der Westseiten mit heißem Sommer- und gemäßigten Wintertemperaturen und zeigt zwangsläufig andere Prinzipien, da die Tag-Nacht-Unterschiede im Gegensatz zum Iran gering sind. Die Sommer sind oft sehr trocken, daher ist, ähnlich wie im Iran, das sommerliche Kühlen primäre energetische Anforderung. Der untersuchte Haustyp liegt auf der südlichsten Kykladeninsel und ist daher durch die Hanglage geprägt. Die Häuser stehen als Solitäre, dennoch eng gefügt und schmiegen sich in den Hang ein. Schaut man auf die Gebäudestruktur, erkennt man einen durchgesteckten Wohnraum zwischen einem am Hang liegenden, verschatteten, kühlen Hof und einem hangabwärts orientierten, heißen, stark besonnten Terrassenhof. Auf der stark besonnten Fläche entsteht durch die aufsteigende Hitze Auftrieb, der über den verbindenden Raum hindurch die kühle Luft des am Berg liegenden Schattenhofes nachzieht und so die Räume temperiert. Auch der Querschnitt der Häuser ist raffiniert: die halbkreisförmige Kuppel minimiert (im Vergleich zu anderen Dachformen) die besonnte Dachfläche. Das Aufhitzen wird reduziert. Der weiße Anstrich der massiven speichernden Wände reflektiert das Sonnenlicht.

Das Norwegische (Loft-)Haus befindet sich in der Zone des Übergangsklimas mit sehr niedrigen Temperaturen im Winter und gemäßigten Temperaturen im Sommer. Im Frühjahr und Herbst sind die Tag-Nacht-Unterschiede relativ groß, die Luftfeuchte ist eher gering. Es gibt große Niederschlag- bzw. Schneemengen und starke Winde. Der winterliche Wärmeschutz und der Schutz vor den kalten Winden und den starken Tag-Nacht-Unterschieden der Übergangszeiten sind die energetischen Herausforderungen.

Der norwegische Haustyp ist ein typischer Teilbau von Gehöften, die im Schutz vor Wind in bewaldeter Hanglage zu finden sind. Der Ort ist so gewählt, dass ein möglichst guter Windschutz durch den Hang und die Bewaldung besteht. Das Gehöft besteht aus Einzelhäusern, die dem zeitweise starken Wind reduzierte Angriffsflächen und offene Schneisen bieten. Die Häuser sind in wärmehaltender Holzbauweise errichtet und weisen durch die eingerückten unteren Erdgeschosszonen und die Satteldächer mit geringer Neigung und geringen Überständen eine kompakte, aerodynamische Form auf, die sich in die Landschaft einschmiegt. Die leichten Dachüberstände spenden im Sommer Schatten, im Winter schützen sie vor Schnee und Feuchte, ohne das einfallende Licht abzuhalten. Die flachen Dächer der Häuser sind mit einer Rinden- oder Torfschicht versehen und begrünt. Die Begrünung wirkt im Sommer durch Bilden einer Pufferschicht und durch Verdunstung kühlend. Im Winter schützt die Begrünung zusammen mit dem Schnee vor Wärmeverlusten über die Dachfläche.

Ein Umgang (Sval) bildet in den kalten Jahreszeiten Schutz als thermischer Puffer. Im Sommer wirkt er als Verschattungselement. Die Wohnräume sind oft von quadratischer Grundrissform und in Reihe nebeneinandergeschaltet – es entstehen langgestreckte zweigeschossige, kompakte Haustypen mit nutzungsneutralen Raumfolgen. Die Wärmequelle ist zentral angeordnet, so dass pro Ebene mindestens zwei Räume direkten Kontakt haben. Die Fenster innerhalb der Holzfassade sind klein, um winterliche Wärmeverluste zu minimieren. Fensterläden geben zusätzlichen Schutz. Eine der Längsseiten, meist die Nordseite, weist keine Fenster auf.

Das Niederdeutsche Hallenhaus, ein besonders interessantes Beispiel kybernetischer Strategien, findet man im Norden Deutschlands, einer Landschaft mit gemäßigten Temperaturen sowohl Tag und Nacht, als auch im Sommer und Winter. Luftfeuchte und Niederschläge spielen eine untergeordnete Rolle. Das Niederdeutsche Hallenhaus vereint die Funktionen eines klassischen Gehöftes: Wohnräume, Stallungen und Speicherräume – alles unter einem großen Dach. Die Zonierung ist sehr stringent: je an den Längsseiten der Halle sind die nach innen offenen Stallungen eingeschoben. Die Stallriegel fungieren als Pufferzonen. Das Vieh dient im Winter als Wärmequelle (Prozesswärme), im Sommer steht es auf der Weide – die Stallungen können entlüftet werden. Am Ende der Stallriegel liegen die Schlafkammern, die einerseits die Abwärme des Viehs und andererseits die Wärme des Feuerplatzes, der sich mittig befindet, nutzen. Die Stube liegt kompakt vor Kopf. Neben dem Nutzen der Tiere als Wärmequelle im Winter wirkt das eingelagerte Heu als eine Art jahreszeitabhängige Dämmschicht. Der Heuboden deckt im Herbst, Winter und Frühjahr den Großteil der sonst dachhohen Halle ab. Dieser Speicher hat den Effekt einer dynamischen Wärmedämmung, die in Herbst/Winter am dicksten und somit effektivsten ist und bis zum späten Frühjahr durch Verfüttern an das Vieh gänzlich abgebaut wird. Die Halle des Hauses bietet in den Zeiten ohne das gelagerte Heu und Stroh eine gute Thermik. Interne Wärme wird effektiv abgeführt. Das dick gedeckte Strohdach schützt von außen zusätzlich vor sommerlicher Erhitzung.

Einordnung der Hauskybernetik – Struktur, Konstruktion und Material

Diese exemplarisch gezeigten autochthonen Typen haben am heutigen Komfortmaßstab gemessen sicherlich Schwächen. Für den jeweiligen Stand der Technik waren die Häuser jedenfalls raffiniert und energetisch optimiert – und was noch wesentlicher ist: diese relative Optimierung war nur durch die Verknüpfung verschiedener Strategien zu erreichen. Diese Strategien und Strukturprinzipien könnten heute Elemente sein, die gepaart mit dem heutigen Stand des Wissens zu zeitgemäßen komplexen Architekturen führen.

Dem aktuellen Wissens- und Forschungsstand folgend bilden die in den Projekten gezeigten strukturellen Prinzipien kombiniert mit
- dem Entwickeln einer energetischen räumlichen Gesamtkonzeption
- der Verwendung neuartiger Materialien
- der Verwendung neuer (mehrschichtiger) Konstruktioneneffektive Hausstrukturen, die im kybernetischen Sinne als offene Systeme arbeiten. Die Prinzipien sind alt, die Mittel jedoch neu – und es gibt bereits gebaute Projekte, die diesen Weg gehen (Bsp. Patchworkhaus von Pfeifer, Roser, Kuhn).

Am Anfang der Entwicklung kybernetischer Hausstrukturen stehen immer die Fragen: Was muss eine Hausstruktur (an diesem Ort) leisten? Was müssen seine einzelnen Konstruktionselemente leisten? Wie hängen diese energetisch-funktional zusammen? Was muss die Materialität im Gefüge leisten? Geht man davon aus, dass die Summe der zur Verfügung stehenden Energie aus den Energiegewinnen abzüglich der Energieverluste besteht und das Ziel ist, nicht alleine die Energieverluste zu reduzieren, sondern vor allem die Gewinne zu nutzen, dann gibt es prinzipielle Grundfunktionen:

Sammeln – die dem Haus zur Verfügung stehende Sonnenenergie muss eingesammelt werden. Das direkte Nutzen bedingt die Umwandlung des Sonnenlichts in Wärmeenergie. Es handelt sich hierbei um flächig wirkende Elemente.

Verteilen – um einen energetischen Austausch zum Kühlen oder Wärmen zu gewährleisten, werden verteilende Elemente benötigt, die einen gezielten Luft- und damit

Energieaustausch ermöglichen. Es handelt sich hierbei immer um räumliche, thermisch wirkende Elemente, die auf Grund eines räumlich erzeugten Temperaturgefälles oder einer geometrisch bedingten Thermik eine Strömung erzeugen.

Speichern und Halten – um die gesammelte Energie nicht zu verlieren, werden Elemente benötigt, die Energie speichern und im Haus halten können. Das Halten entspricht dem als Dämmen bekannten Effekt. Das Speichern ist bei energiegewinnenden Systemen elementar, um die Tag-Nacht-Diskrepanz auszugleichen und über das Jahr gesehen Wärmeenergie aus den sonnenreichen Monaten mit geringen Energiebedarf in die sonnenarmen Monate mit hohem Energiebedarf zu übertragen.

Entladen – um überschüssige Wärmeenergie, die nicht eingespeichert werden kann, abzuführen, werden entladende Elemente benötigt. Die entladenden Elemente entsprechen nicht selten den energieverteilenden Räumen.

Schützen – um zu verhindern, dass nicht nutzbare Energie erzeugt wird, die dann abgeführt werden müsste, braucht es schützende Elemente (Verschattungssysteme/konstruktiven Schutz).

Grundlegendes

Erst wenn es uns gelingt, wieder eine Einheit aus Stadtstruktur, Hausstruktur, Konstruktion und Materialität mit all den Schwellenräumen, Übergängen und energetischen Mehrfachbelegungen zu erlangen, und wenn wir es schaffen, die Sonnenenergie als interne Wärmequelle in unsere Hausstrukturen einzubinden, dann werden wir Energieeffizienz wieder als räumliches und architektonisches, als atmosphärisches und tektonisches Gestaltungsprinzip und nicht als technisch additives Prinzip vermitteln können.

Die autochthonen Haustypen lernen uns die notwendigen Strategien, die neuen technischen Möglichkeiten geben uns das notwendige Handwerkszeug dazu.

1   Frampton, Kenneth; Hrsg. von Cava, John M.: Grundlagen der Architektur : Studien zur Kultur des Tektonischen. München: Oktagon-Verl., 1993, S. 23
2   Wiener, Norbert; The Human Use of Human Beings – Cybernetics and Society (deutsche Ausgabe: Mensch und Menschmaschine – Kybernetik und Gesellschaft. Frankfurt a.M : Metzner Verl. 1952)
3   von Foerster, Heinz; KybernEthik. Berlin : Merve-Verl. 1993
4   Bense, Max; Kybernetik oder Die Metatechnik einer Maschine in: Ausgewählte Schriften, Band 2, Philosophie der Mathematik, Naturwissenschaft und Technik. Frankfurt a.M : Alfred Metzner Verl. 1999
5   Vester, Frederic : Neuland des Denkens : Vom technokratischen zum kybernetischen Zeitalter. 12.Aufl. Stuttgart : DTV, 2002, S. 53

Weiterführende Literatur

Japan   Yoshida: Das japanische Wohnhaus. 4. veränderte Aufl. Tübingen: Wasmuth, 1969
Iran   Rainer: Anonymes Bauen im Iran. Graz: Akademische Druck- u. Verlagsanstalt 1977
Griechenland   Philippides, Dimitri: Greek Traditional Architecture, Band 2. Melissa Publishing House 1983.

36

Norwegen   Bresson, Thérèse: Frühe skandinavische Holzhäuser. Verlag Bau+Technik: Düsseldorf 1981

Norwegen   Suzuki, Makoto: Holzhäuser in Europa. Stuttgart Berlin Köln Mainz 1979

Norwegen   Hinz, Herrman: Ländlicher Hausbau in Skandinavien vom 6. bis 14. Jahrhundert.

Deutschland   Johannsen, Carl Ingwer: Das niederdeutsche Hallenhaus und seine Nebengebäude im Landkreis Lüchow-Dannenberg : eine baugeschichtliche Untersuchung zur Erfassung der von 1600 bis 1900 entwickelten Formen und Konstruktionen der Wohn und Wirtschaftsgebäude. Braunschweig: Techn. Univ., Fak. f. Bauwesen, Diss., 1974.

Deutschland   Lindner, Werner: Das Niedersächsische Bauernhaus in Deutschland und Holland. Hannover: ErnstSeibel, 1912

Element und Gefüge. Interdependenzen bei autochthonen Haustypen

1 Das Potential des lokalen Wissens

Mit der Auswirkung der ökonomischen Globalisierung auf verschiedene Lebens-Sphären stellt sich zu Beginn des 21. Jahrhunderts zunehmend die Frage des Verlustes der kulturellen Identität von Orten. Häufig wird unter kulturelle Identität das Pflegen von Traditionen verstanden, die mehr einen symbolischen als einen praktischen Wert haben. Dieses Themengebiet wird nicht der Fokus dieses Beitrags, sondern eher ein Aspekt der die Architektur betrifft, nämlich die Chancen der gegenwärtige Baukultur, aus dem Erbe des tradierten Wissens zu schöpfen. Hierbei handelt es sich eher um den Transfer des Wissens oder einer Transformation bestimmter Prinzipien, bzw. das Entwickeln von Methoden zum Herausarbeiten von überliefertem Wissen in Wohnhaustypen in verschiedenen Klimazonen und Kulturen.

In der zweiten Hälfte des 20. Jahrhunderts wurden alternative Forschungsansätze anderer Disziplinen entwickelt, die auch für das lesen des Architekturerbes von großer Bedeutung sind. Der französische Philosoph und Literaturtheoretiker der Postmoderne Jean-François Lyotard (1924–1998) unterscheidet zwei Formen von Wissen:

- diskursives Wissen – das im Diskurs ermittelte Wissen der Moderne mit expliziter Legitimation. Wissenschaftliches Wissen ist spezifisches diskursives Wissen, das dem akademischen Diskurs und seinen akademischen Regeln unterliegt;
- narratives Wissen – das traditionelle Wissen in Form von Geschichten und Erzählungen, das sich implizit selbst legitimiert.

Ein bedeutender US-amerikanischer Zeitgenosse von Lyotard ist Clifford James Geertz (1926–2006), Ethnologe und Vertreter der interpretativen Ethnologie. In seiner Beschreibung kultureller Systeme kommt es ihm auf die Art und Qualität der Deutung an, und hat den Begriff »lokales Wissen« (local knowledge) geprägt. Inzwischen ist »lokales Wissen« ein feststehender Begriff und umfasst über Jahrhunderte entwickelte und überlieferte Kenntnisse, Innovationen, traditionelle Naturheilverfahren und Heilpflanzen indigener Völker und lokaler Gemeinschaften. Zum einen umfasst es kulturelle Werte, religiösen Überzeugungen und traditionelle Erzählungen, zum anderen räumliche Konzepte, landwirtschaftliche und handwerkliche Praktiken.

Zunehmend beschäftigen sich nicht nur Wissenschaftler mit dem Entwickeln von Übertragungsmethoden von Wissen, unter anderem auch den kulturellen Raum und die Architektur betreffend. Die Haltung des französischen Historikers Jacques Le Goff (geb. 1924), die sich auf Europa bezieht, ist ausweitbar: »Die Entscheidung besteht nicht in der Wahl zwischen Tradition und Moderne. Sie besteht im richtigen Gebrauch der Traditionen, im Rückgriff auf das Erbe als Kraft der Anregung, als Stütze, um eine andere europäische Tradition zu bewahren und zu erneuern, die der Kreativität.«

Ein herausragendes Beispiel für die Übertragung lokalen Wissens in der Architektur ist der ägyptische Architekt Hassan Fathy (1900–1989). Er bekam 1980 als erster den alternativer Nobelpreis für das Bewahren und Adaptieren des Traditionellen Wissens und der Praktiken im Bauen und Konstruieren für die Armen, sowie im selben Jahr den Aga Khan Award for Architecture für sein Lebenswerk. Sowohl seine gebauten Werke als auch seine Publikationen, Architecture for the Poor (1973) und Natural Energy and Venacular Architecture: Principles and Examples, With Reference to Hot Arid Climates (1986) zeugen gleichzeitig von großer Sensibilität seiner Wahrnehmung, Humanität und Respekt gegenüber Traditionen, wie auch von gekonnter Transformation der Prinzipien der tradierten Wohnhaustypen, was unter anderem den sparsamen und schonenden Umgang mit Material- und Energieressourcen impliziert.

Methoden von Bewahren, Adaptieren und Transferieren von traditionellem Wissen in der Architektur sind anerkannt und gefragt. Viele autochthone Wohnhaustypen beinhalten Prinzipien, die ein Ergebnis jahrzehnte- oder jahrhundertelanger Erfahrungen und Überlieferungen sind. In gleichen Klimazonen haben sich kulturabhängig auch unterschiedliche Methoden zum klimaangepassten Bauen entwickelt, sowie unterschiedliche innere Zonierung abhängig von Bräuchen und sozialen Strukturen. In der gegenwärtigen Praxis wird zunehmend die Energieeffizienz und die Anpassung an das lokale Klima berücksichtigt. Es werden auch verschiedene neue Techniken angewendet, um erneuerbare Energiequellen (Sonne, Wind) oder die Erdtemperatur zu nutzen. Eine gängige Methode ist es, diese Technik-Elemente auf einen davon unabhängigen Entwurf zu addieren. Eine weitreichendere Entwurfmethode wäre eine, die integral ist, die die Zusammenhänge von kulturellen und physikalischen Parametern in Zusammenhang bringt.

2 Integrale Sichtweise auf die Wohnarchitektur

Die Architektur – insbesondere die Wohnarchitektur – steht heute vor besonderen Anforderungen in Hinsicht der Nachhaltigkeit.

a) Zunehmend wird auf Energieeffizienz geachtet, indem man erneuerbare Energiequellen, bessere Wärmedämmung und neue Technik nutzt, um vor allem Heizkosten (in einigen Fällen auch Kühlkosten) zu minimieren. Das ist vor allem bei bestehenden Objekten sinnvoll, es bleibt doch die Frage, ob neue Objekte mit einem relativ hohen Energiebedarf erst so geplant und gebaut werden sollten und was es für Alternativen dazu gibt. Zudem ist das nur ein Aspekt der Nachhaltigkeit.

b) Bis auf Ausnahmen in den letzten Jahren besteht die Wohnarchitektur der Nachkriegszeit (seit der Mitte des 20. Jh.'s) aus Wohnungs- und Erschließungstypen, die an die Bedürfnisse einer Kleinfamilie (mit vorausgesetzten Geschlechterrollen) angepasst sind. Die Veränderungen der sozialen Strukturen haben neue Wohnformen hervorgerufen (Patchwork-Familien, Single-Haushalte, neue Wohngemeinschafts-Formen). Das erfordert auch neue und flexible Wohnungstypen.

Der Rückblick auf autochthone Haustypen als Ergebnisse fortwährender Entwicklungen lohnt sich aus mehreren Gründen. Der soziokulturelle Aspekt ist fortwährend im Wandel, während der klimatische Aspekt trotz der Globalisierung ortsgebunden bzw. klimazonenspezifisch bleibt. Eine Menge überliefertes Wissen ist durch neue technische Möglichkeiten und der wiederholten unifizierten Wohnungsmuster verdrängt und droht zu verschwinden. Die zweite Hälfte des 20. Jahrhunderts zeichnet sich durch große Fortschritte in der Technik aus, im Sinne des gängigen Gebrauch des Wortes Technik. Durch isolierte technische Möglichkeiten zu heizen, kühlen, belüften, beleuchten usw., u.a. unter unbedachtem Ressorcenverbrauch, wurde das tradierte Wissen eine zeitlang ausgeblendet. Der Anfang dieses Jahrhunderts hingegen, ist geprägt von Debatten über Ressourcenknappheit, Umweltverschmutzung und Klimawandel. Ein Rückblick bez. Rückbesinnung auf das lokale Wissen wäre heute in vielerlei Hinsicht für den Wohnungsbau hilfreich. Zahlreiche Faktoren haben strukturelle Elemente ergeben, durch die sich ein Wohnungstyp entwickelt hat. Die Lebensweise und die Prinzipien der Bewirtschaftung geben typologische Elemente vor. Die Analyse autochthoner Haustypen im kulturellen und klimatischen Kontext werfen Fragen auf, ob einige der Strukturellen Elemente dieser Haustypen auch heute angewendet werden können. Würde man versuchen, diese herauszuarbeiten, hätte man nützliche Parameter für den Entwurfsprozess. Das angesammelten Wissens über autochthone Haustypen sowie die Wohnungstypologielehre bilden eine hervorragende Grundlage zu Schöpfung optimierter Wohnungstypen.

3 Strukturprinzipien autochthoner Wohnhaustypen

In der Fachliteratur zur traditionellen Wohnarchitektur gibt es genügend Beispiele, die eine gute Bestandsaufnahme dieses gebauten kulturellen Erbes darstellen. In den Untersuchungen, Darstellungsarten und Analysen gibt es unterschiedliche Herangehensweisen. Unter anderem sind es Untersuchungen im historischen Kontext, der sich auf den Stand der Bautechnik, der Kultur oder der gesellschaftlich-politischen Situation bezieht. Dementsprechend gibt es stilistische Analysen, formaltypologische (funktions- und erschließungsbezogene) »Deklinationen«, aber auch viele theoretische Erläuterungen zu sozialen Strukturen, Alltags-Riten und anderen Kulturaspekten. Oft fehlen die Erklärungen der Strukturen in zeichnerischer Form, die über die Erschließungsstruktur oder Nutzungsbezeichnungen hinausgehen. Zudem sind viele Aspekte einzeln untersucht. Solche Untersuchungen können sehr detailliert und tiefgründig sein, und deren Ergebnisse sind von großer Hilfe. Erforderlich wäre hingegen, über die Addition einzelner Darstellungen und Untersuchungen hinaus, durch erkennen derer Zusammenhänge typologische Parameter zu definieren, die für die gegenwärtige Wohnungsarchitektur probat/brauchbar sind. Dabei sollen vor allem die Zusammenhänge Zwischen Klima, Kultur und Haustyp untersucht werden.

Kulturelle Aspekte:

Bei autochthonen Wohnhaustypen zeichnen sich viele Eigenheiten einer Kultur ab: die sozialen Strukturen, der Grad der Interaktionen und der Abgrenzung, sowohl innerhalb der Wohngemeinschaft als auch in der Nachbarschaft, der Umgang mit den äußeren Gegebenheiten, die Bräuche und Riten usw. Heute stellen sich andere spezifische Anforderungen: Diversität, demographischer Wandel, Flexibilität, und ein Wandel lokaler Kultureigenheiten.

Klimatische Aspekte:

Bei traditionellen Haustypen in verschiedenen Klimazonen werden oft natürliche, bzw. physikalische Gesetze für solche Zwecke genutzt, wie z.B. die Speicherfähigkeit der Wände, die Kaminwirkung zur Kühlung, die Erdtemperatur zum Ausgleich von sehr hohen oder sehr niedrigen Temperaturen. Diese Prinzipien geben lediglich einige typologische Elemente vor. Würde man versuchen, diese herauszuarbeiten, hätte man nützliche Parameter für den Entwurfsprozess.

Während man bei den klimatischen Gegebenheit davon ausgehen kann, dass sie relativ konstant sind, ändern sich die technischen Möglichkeiten, um entsprechend darauf zu reagieren.

Obwohl jedoch sich die kulturellen Eigenheiten in den letzten Jahrzehnten fast überall stark gewandelt haben, bestehen in der Wohnarchitektur ähnliche Anforderungen. Bei der integralen Sicht auf den Haustyp erweitert sich auch die Spanne der mit einzubeziehenden Einflussfaktoren und Strukturelemente, vor allem aber auch deren Beziehungen. Das Wohnen impliziert den Habitus (die Bewirtschaftung des Gebäudes, die Gewohnheiten in der Nutzung und die Semantik). Neben den Einflussfaktoren stehen auch die einzelnen Auswirkungen oft in Wechselwirkung zueinander.

Einflussfaktoren	Auswirkung
soziale Strukturen	Zonierung, Nutzung, innere Erschließung
Religion	alltägliche und besondere Riten, Semantik
Gegebenheiten des Ortes	Nutzung der Ressourcen (Baumaterialien, Konstruktion, Fügung, Energiequellen
Klima	Zonierung, Nutzung von physikalischen Abhängigkeiten, Lüftungsmöglichkeiten, Wärmespeicherung, …
gesellschaftlich-politische Situation	Verbindung von Arbeiten und Wohnen, Nachbarschaftsbeziehungen, Stadtstruktur (äußere Erschließung)
andere Kulturaspekte – Dauerhaftigkeit, Sinnlichkeitaspekte, … (Subjektivität, Intimität, Komfort, Bräuche, Trennbarkeit privater Bereiche, Bezug zur Zeitlichkeit/ Vergänglichkeit)	Dauerhaftigkeit, Sinnlichkeitaspekte, … Trennbarkeit privater Bereiche, Bewirtschaftung

Durch die Einflussfaktoren ergeben strukturelle Elemente, die die Grundprinzipien der Transformierbarkeit der Wohnhaustypen bilden. Eine Struktur ist hier als ein System aus Elementen zu verstehen, die Untereinander in einer Beziehung stehen. Die Beziehungen bestimmen die Struktur, die Elemente auch die Art der Beziehung, doch bei einer Struktur sind die einzelnen Elemente austauschbar, doch die Art der Beziehung nicht. Die Struktur ist einerseits eine Summe verschiedener Elemente, die in einer Beziehung zueinander stehen. Die Elemente und ihre Beziehungen bilden Systeme, die wiederum untereinander vernetzt sind zu komplexen Strukturen. Grundprinzip der Struktur ist also die Art und Weise der Vernetzung oder auch Kommunikation der Elemente.

4 Transformation

In den meisten geschichtlich vergleichenden Architekturanalysen geht es um stilistische Aspekte innerhalb eines Kontextes. Ein Stil einer anderen Epoche ist nicht übertragbar, jedenfalls nicht authentisch. Um aus den angehäuften Erfahrungen und Wissens-Ressourcen Grundprinzipien herzuleiten die übernommen und verwertet werden können, sollte man die autochthonen Haustypen vor allem in ihrer Struktur untersuchen. Es geht hierbei nicht darum eine stilistische Identität aufrechtzuerhalten, sondern die strukturellen Elemente der autochthonen Haustypen sinnvoll in zeitgenössische Architektur zu transformieren. Dabei gibt es nicht ein Endergebnis, sondern eine integrale Entwurfsmethodik, die nach der Optimierung der vielen veränderten Zusammenhänge sucht. Wesentlich hierbei ist das Umdenken in Hinblick auf das Verständnis der Form und der Struktur. Durch das Tradieren der Erfahrungen zur Lebens- und Bauweise werden die Beziehungen dieser unterschiedlichen Elemente fortwährend (an konstante Bedingungen) optimiert und (an veränderte Bedingungen) angepasst. So kann man eine Feinjustierung der Wohnstruktur feststellen, so dass sich Wohnungstypen herauskristallisieren, die sowohl in ihren physikalischen als auch semantischen Funktionen optimiert sind. Das heißt, sie sind physikalisch effizient und räumlich-semantisch der Komplexität der sozialen Strukturen und kulturellen Eigenheiten angepasst.

Bei der Transformation von strukturellen Elementen autochthoner Wohnhaustypen ist es wichtig, die gegenwärtigen Bedingungen mit einzubeziehen. Wichtiger ist es dabei, den Entwurfsvorgang, bei dem diese Aspekte integriert sind, von einer anderen Herangehensweise zu unterscheiden, bei der das unreflektierte Übernehmen von formalen Elementen maß gebend ist. Das Transformieren der traditionellen Wohnungstypen kann nur durch eine integrale Entwurfmethode sinnvoll sein. Denn, die kulturspezifischen Faktoren für die Entstehung der Typen sind im fortwährenden Wandel. Daraus folgt, dass beim integralen Entwerfen die Struktur weiterentwickelt wird, bei der sich die Gestalt ergibt. Das unterscheidet sich von der Art zu entwerfen, bei der formale Elemente tradiert, bzw. übertragen werden.

Deswegen ist es hier vielleicht präziser, nicht nur vom Wohnungstyp als Gebäude, sondern auch von der Wohnform zu sprechen, die das Verhalten oder Nutzungsart mit einbezieht. Diese steht im Zusammenhang mit folgenden Determinanten bzw. Regelelementen der Struktur:

Wohnform	Regelelemente der Struktur
soziale Struktur	Nutzungsdeterminierung der Räume, Erschließung, Schwellen
Bewirtschaftung	Ausnutzung der Material- und Eneergie-Ressourcen (Nutzung physikalischer Abhängigkeiten)
Arbeitsform	Trennung oder Verbindung von Wohn- und Arbeitsräumen
Religion, Semantik	Hervorheben, Trennen von Bereichen
Gesellschaft, Politik	Außen- bzw. Nachbarschaftsbezug

Aus der Situation der Anforderungen an den Wohnungsbau heute und dem bestehenden Wohnungsangebot ist einiges erkennbar. Wohnungstypen der Gründerzeit sind geeigneter und öfter zu Wohngemeinschaften verwendet, die Wohnungstypen seit den 50er Jahren hingegen entsprechen dem Ideal der Kleinfamilie und sind in ihrer Nutzungsform weitgehend determiniert. Hinzu kommen Beispiele von vielfältig umgebauten Einfamilienhäuser. Das Bild einer Gesellschaftsform, wie das der Kleinfamilie, spiegelt sich in der Intention zu ökonomische Grundrisse, doch zunächst auf die Grundfläche bezogen. Es drängt sich die Frage auf, ob sie ökonomisch sind in Hinblick auf die tatsächlichen sozialen Strukturen und heterogenen Wohnformen, sowie auf den kulturellen Wandel und der damit verbundenen Lebens- und Arbeitsformen.

Der Wohnungsbau sollte kein Ausdruck von isolierten Welten (Idealen) sein, oder dieses Ideal repetieren, ebenso wenig als Ziel die Konservierung traditioneller Typen haben. Die Pluralität sollte auch im Wohnungsangebot eine Antwort finden. Einerseits ist die heutige Gesellschaft geprägt von Individualisierung oder gar Atomisierung, andererseits von sozialen Netzwerken und neue Familienformen (Patchworkfamilien). Die Vielfalt des Bedarfs erfordert Möglichkeiten sowohl für Isolation als auch für gemeinschaftliches Wohnen.

Die integrale Analyse der autochthonen Haustypen bringt zunächst als Leseart und Methode Erkenntnise über Zusammenhänge von Faktoren und der Entwicklung und das Funktionieren der Typen. Was die Ortsgebundenheit der zeitgenössischen Architektur angeht, kann durch diese Grundlage eine Möglichkeit geschaffen werden, durch die eine Kontinuität durch das Übertragen des Wissens noch erhalten oder wieder geknüpft werden kann. Auf das Überliefern dieses Wissens solllte sich auch das Verständnis von Tradition beziehen.

Dieser Text beinhaltet Teile aus der Dissertation »Integralität bei autochthonen Wohnungstypen und die Transformierbarkeit ihrer Strukturprinzipien«, die sich in der Abschlussphase befindet.

J. F. Lyotard, *Das postmoderne Wissen*, Wien 1994.

C. Geertz, *Dichte Beschreibung: Beiträge zum Verstehen kultureller Systeme*, Frankfurt am Main 1994.

J. Le Goff, *Das alte Europa und die Welt der Moderne*, München 1994.

H. Fathy, *Architecture for the Poor: An Experiment in Rural Egypt*, Chicago 1976.

S. Tomoski, *Makedonska narodna arhitektura*, Skopje 1960.

W. Tetsuro, *Fudo – Wind und Erde. Der Zusammenhang von Klima und Kultur, Wissenschaftliche Buchgesellschaft*, Darmstadt, 1997 (Tokyo, 1982).

B. Rudofsky, *Sparta / Sybaris. Keine neue Bauweise, eine neue Lebensweise tut not*, Wien 1987.

P. Mulickovski, *Duhot na makedonskata kuka*, Skopje 2000.

M. Löw, Raumsoziologie, Frankfurt am Main 2001.

B. Cipan, *Stara gradska arhitektura vo Ohrid*, Skopje 1982.

Updating a fifties solitaire.
Typologische und energetische Sanierung
eines 50er Jahre Wohngebäudes

Forschungsschwerpunkt

Im vorliegenden Projekt wird modellhaft ein Wohngebäude in Mannheim aus den 50er Jahren barrierearm umgebaut und zu einem energieaktiven Gebäude umgewandelt. Im Mittelpunkt steht dabei die aktive Speicherung von Wärme über die Fassade. Damit wird ein thermodynamisches Modell im Bereich der Gebäudesimulation und für die solarenergetische Nutzung entwickelt, welches über die passiven Maßnahmen des Wärmeschutzes weit hinausgeht.

Für den nachhaltigen Umgang mit dem Gebäudebestand bedeutet dies, dass die Ziele der Energieeinsparung erreicht werden, auch wenn nicht alle Gebäudeteile den vollständigen Nachweis der Wärmedämmung und Dichtigkeit erbringen und die Nutzer ihr Lüftungs- und Heizverhalten nicht grundlegend ändern. Darüber hinaus ergeben sich aus diesem Ansatz neue Möglichkeiten für die architektonische Gestaltung von Sanierungsmaßnahmen und die typologische Weiterentwicklung energieeffizienter Gebäudetypen.

Nachhaltige Architektur geht weit über Forderungen an die Energieeffizienz hinaus. Ökologische, ökonomische und soziale Aspekte müssen einbezogen werden, mit dem Blick auf den künftigen Nutzer. Aus diesem Grund müssen Planungskonzepte und –ziele immer wieder hinterfragt und weiterentwickelt werden.

Projektbeschreibung

Der als Prototyp dienende Gebäudebestand befindet sich in der deutschen Stadt Mannheim im Stadtteil Schönau und wurde 1958 erbaut. In Deutschland finden wir derzeit einen sehr hohen Anteil an Nachkriegsbauten, die immer wieder dieselben Defizite aufweisen und dringend saniert werden müssten. Aus der Wohnungsnot heraus und aufgrund wirtschaftlicher Gesichtspunkte wurden die Gebäude in den Nachkriegsjahren in jeder Hinsicht minimal dimensioniert und ausgeführt. Ebenso auf gebäudetechnologischer Ebene entsprechen die Gebäude der Nachkriegszeit nicht den heutigen Komfortstandards. Mit diesem Projekt soll modellhaft der Nachweis erbracht werden, dass mit nichkonventionellen, nachhaltigen Methoden ein energieauttarkes Gebäude entstehen kann.

Der Bestand weist eine unattraktive Eingangssituation sowie minimal dimensionierte Öffnungen und enge, dunkle Erschließungsbereiche auf. Die Nord-Südausrichtung des Gebäudes wird durch die Anordnung der Wohnräume nicht optimal ausgenutzt. Ebenso ist weder eine Zuordnung des angrenzenden Freiraums zum privaten Raum noch zum öffentlichen Raum erkennbar; die Erdgeschosszone ist nicht klar definiert.

Der Bestand ist mit einer klassischen Heizungsanlage versehen, welche über Fernwärme betrieben wird. Über die nicht gedämmte Außenhaut aus 25cm Schüttbeton verliert das Gebäude permanent Energie. Der derzeitige Heizenergiebedarf beträgt ca. 350kWh/m²a.

Eine energetische Standardsanierung würde vorsehen das Gebäude in eine dicke Schicht Wärmedämmung einzupacken und es somit vor jeglicher solarer Einstrahlung abzuschotten. Die Wärme könnte auf diese Weise nicht über die Außenhaut verloren gehen, aber das Gebäude könnte auch nicht von der solaren Einstrahlung profitieren. Die aufgebrachte Energie müsste aus nicht regenerativen Ressourcen gewonnen werden. Architektur, Typologie, Ausrichtung und Zonierung der Grundrisse würden keine Rolle mehr spielen.

Typologische und energetische Maßnahmen

Wir betrachten unsere Aufgabe als ganzheitlich. Angefangen bei einem sinnhaften architektonischen Entwurf, angepasst an Himmelsausrichtung und Nutzerbedürfnisse in Zusammenspiel mit einem nachhaltigen energetischen Konzept aus regenerativen Ressourcen, muss das sanierte Gebäude natürlich auch ästhetisch nachhaltigen Gesichtspunkten Rechnung tragen. Verwendet werden dabei passive, simple Prinzipien, die ohne großen technischen Aufwand allein aus Ihrer physikalischen Logik heraus funktionieren. Das hier angewendete energetische Konzept setzt sich aus mehreren Bausteinen zusammen, die immer in einem wechselseitigen Verhältnis stehen und im Zusammenspiel ein behagliches Klima für die Bewohner schaffen.

Baustein 1 | Typologische Optimierung

Der erste Baustein des kybernetischen Ansatzes ist die typologische Optimierung auf heutige Wohnbedürfnisse. Folgende Maßnahmen werden durchgeführt:

Das Grundstück wird neu zoniert, die an die Süd- und Westseiten des Gebäudes angrenzenden Flächen werden als Privatgärten den Erdgeschosswohnungen zugeordnet.

Der Eingangsbereich wird durch eine Neuordnung der notwendigen Infrastruktur sowie Fahrradstellplätze, Eingangsüberdachung, Mülltonnen und Sitzmöbel neu strukturiert. In allen Wohneinheiten wird eine flexible Struktur durch das Freispielen eines inneren Kerns erreicht. Der Kochbereich bildet das Zentrum der Wohnung, um den sich vier Individualräume anordnen. Bäder und Wc's sind nach Norden orrientiert.

Im Norden wird ein großzügiger barrierefreier Erschließungsraum als Pufferzone angeordnet.

Die Brüstungen werden entfernt und somit lichte Raumeindrücke durch raumhohe Fensterelemente geschaffen. Vier minimal dimensionierte WE á 45m² werden zu zwei großzügigen 90m² Einheiten mit SO bzw. SW-Orientierung zusammengeschlossen. Durch das Freispielen eines inneren Kerns werden flexible Grundrisse geschaffen und die nur nordbelichteten Räume nehmen nach der Sanierung Nebenfunktionen wie Bäder und WCs auf. Der Bestand wird komplett mit einer transluzenten Schicht eingehüllt, so wird eine temperierte Gebäudehülle und damit ein behagliches Raumklima für die Bewohner geschaffen. Die Balkone werden ebenfalls mit der transluzenten Haut überzogen und werden auf diese Weise zu Loggien, die in den Zwischenmonaten als zusätzliche Raumerweiterung genutzt werden können. sog. Energiegärten. Im Sommer sind diese Bereiche geöffnet, im Winter geschlossen.

Baustein 2 | Luftkollektor

Über Dach, Fassade und Keller entsteht durch das Verhüllen mit einer transluzenten Haut ein geschlossener Luftkreislauf, so kann im Winterfall morgens bzw. abends jeweils die durch die Besonnung entstehende Wärme über die gesamte Gebäudehülle verteilt werden. Im Keller wird eine locker geschichtete Speichermasse eingebracht. Auf diese Weise kann im Sommer zeitverzögert gekühlt und im Winter geheizt werden.

Baustein 3 | Lüftungsanlage und Wärmerückgewinnung

In der Bilanz machen Lüftungsverluste einen großen Anteil an Wärmeverlusten eines Gebäudes aus. Über eine Wärmerückgewinnung wird der warmen Abluft Energie entzogen, die zum Vortemperieren der kalten Frischluft genutzt wird. Auf diese Weise werden Lüftungswärmeverluste des Gebäudes verringert.

Baustein 4 | Solarthermiepaneele

Als Energiequelle dient in unserem Fall die Sonne. Über auf dem Dach installierte Solarthermiepaneele kann der schon durch alle weiteren Maßnahmen auf 14kwh/m²a reduzierte Heizwärmebedarf komplett gedeckt werden. In der Simulation ist unser Prototyp bereits energieautark.

Material

Als Material für die transluzente Gebäudehülle wird eine 9-Kammer-Polykarbonatplatte mit einem U-wert 0.83 W/(m²K) verwendet. Das kostengünstige Material erlaubt auch bei einem knappen Budget wie hier im sozialen Wohnungsbau eine innovative energetische Fassadengestaltung. Energiedurchlass und ein geringer Wärmeverlust stehen bei diesem Material in einem für diesen Ansatz optimalen Verhältnis. Die neue Gebäudehülle wird sich wie Haut über den gesamten Bestand ziehen. Die Tiefe der Fassade bleibt somit durch die Wahl des Materials als ein Spiel aus Licht und Schatten erlebbar.

State of the art

Erfahrung mit kybernetischen Gebäudemodellen im privaten Wohnungs- und Industriebau liegen durch die Projekte von Günter Pfeifer vor und können über den Link http://www.pfeifer-kuhn.de/ eingesehen werden. Eine Anwendung dieser Modelle im Geschosswohnungsbau bzw. im sozialen Wohnungsbau ist bisher noch nicht realisiert. Erfahrung im Sozialen Wohnungsbau werden aus der Berufspraxis von Prof. Annette Rudolph-Cleff eingebunden.

Günter Pfeifer war 2009 Preisträger des Gottfried-Semper-Architekturpreises »als Pionier des ökologischen Bauens und international anerkannter Architekt für sein Werk« und hat im Jahr 2008 den Gestaltungspreis der Wüstenrotstiftung 2008 »Energieeffiziente Architektur in Deutschland« und den Deutscher Bauherrenpreis 2008 »Hohe Qualität – Tragbare Kosten« erhalten.

Ein Video »Das kybernetische Prinzip« findet sich unter folgendem Link: www.architekturclips.de/webseiten/filme/a_neun/pfeifer_kuhn_end/pfeifer_kuhn_end.html

Erfahrungen aus den Verbundforschungsprojekten der Tu Darmstadt »Solar Decathlon 2007« und »Solar Decathlon 2009« unter Koordination von Prof. Manfred Hegger (link) insbesondere zum Einsatz von PCMs werden in das Projekt einfließen. Nähere Informationen und ein Verzeichnis der zugehörigen Publikationen finden Sie unter dem Link: http://www.solardecathlon.tu-darmstadt.de/home/home.de.jsp

---

Team – Zusammensetzung der Arbeitsgruppe
Prof. Dr.-Ing. Annette Rudolph-Cleff
Fachgebiet Entwerfen und Stadtentwicklung (est)
Prof. Günter Pfeifer
Fachgebiet Entwerfen und Wohnungsbau (euw)
TU Darmstadt | Fachbereich Architektur
El-Lisstzky-Straße 1 | 64287 Darmstadt

Fenster und Raum. Zur Frage der Öffnungen in energie-effizienten Wohngebäuden

Der Übergang zwischen Innen und Außen ist eines der zentralen Themen der Architektur.

Vor dem Hintergrund der aktuellen Nachhaltigkeitsdebatte gewinnt dieser Aspekt neue und besondere Bedeutung. Sämtliche Gebäudeteile, die den Kontakt zwischen Innen und Außen herstellen, werden hinsichtlich ihrer Leistungsfähigkeit im architektonischen System geprüft und vor allem unter dem Aspekt des Wärmeschutzes und der Luftdichtheit bewertet.

Das Bauteil Fenster erlangt in diesem Feld besondere Bedeutung, hat es doch im Gegensatz zur Wand eine ganze Reihe zusätzlicher Funktionen zu erfüllen.

Innerhalb einer großen Bandbreite an unterschiedlichen Lösungen sind 2 Tendenzen zu beobachten, die in erster Linie von den verbesserten Eigenschaften der verwendeten Materialien, insbesondere des Glases, profitieren.

Im Sinne der Anforderungen an einen optimierten Wärmeschutz und eine verbesserte Luftdichtheit der Gebäude wird das Fenster und seine Bestandteile zu einem technisch hochgerüsteten Element (High-Tech Fenster).

Der Wunsch, maximale Transparenz zu erreichen, führt zu einer zunehmenden Vergrößerung der Glasflächen und dem Bestreben, weitere Teile wie Rahmen und andere funktionale Elemente z.B. den Sonnenschutz möglichst unsichtbar zu machen. Für Michelle Corrodi und Klaus Spechtenhauser in ihrem Buch *Lichteinfall* »scheint heute vorwiegend die Bildhaftigkeit und damit die visuelle Durchsicht im Vordergrund zu stehen: Bewohnen als eine Technik des Betrachtens.«[1] Martin Tschanz spricht von einer »Virtualisierung der Wirklichkeit«.[2]

Mit der erhöhten Leistungsfähigkeit des Materials Glas schmelzen unterschiedliche funktionale Ebenen zusammen, die zur Tiefe des architektonischen Elements Fenster beigetragen haben. Zunehmend geraten Öffnungsarten aus dem Blickfeld, die früher im Übergang zwischen Innen und Außen eine wesentliche Rolle spielten, wie das Kastenfenster oder Öffnungen, bei denen die unterschiedlichen Funktionen durch einzelne Elemente übernommen wurden. Es gab Fenster mit inneren und äußeren Holzläden, einem regulierbaren, äußeren Sonnenschutz aus Holz, Vorsatzfenster, die man im Winter einhängen konnte und nicht zuletzt eine tiefe Laibung, die all diesen Elementen Raum bot – das Fenster als Zwischenraum.

Ebenfalls weitgehend aus dem Blickfeld verschwunden sind Erkerfenster, verglaste Loggien, verglaste Laubengänge, Lauben, die im Winter mit Vorsatzfenstern versehen zum geschützten Kaltraum und damit zur klimatischen Pufferzone wurden, mit Öffnungen vom Innenraum in diese Räume und Öffnungen von diesen Räumen zur Umgebung – Fenster als Teile eines Zwischenraums.

Es gibt einen Verlust an differenzierter Ausbildung der konstruktiven Elemente und an räumlicher Tiefe des Bauteils, Corrodi und Spechtenhauser sprechen von einem »Bedeutungsverlust des Fensters« und schreiben weiter: »In der Gegenwartsarchitektur ist das Fenster zum Fossil des Bauens geworden. Die Architektur ist durch die Tendenz gekennzeichnet, Fenster in eine Wand zu verwandeln.«[3]

Welche Qualitäten gehen verloren?

Das Fenster als Teil eines Zwischenraums bzw. das Fenster als Zwischenraum hat ein hohes Potential hinsichtlich folgender Eigenschaften:

- Energetischer Nutzen. Das Fenster kann als klimaaktives Element weit mehr leisten, als einen möglichst effizienten Wärmeschutz. In Verbindung mit einer Fassade, die im Sinne einer dynamischen Dämmung als Luftkollektor funktioniert, dient das Fenster als aktives Element. Es gewährleistet die Verteilung der durch solare Einträge gewonnenen warmen Luft und ihre Zuführung in den Innenraum.
- Typologisches Potential. Zwischenräume im Sinne von thermischen Pufferzonen können hinsichtlich Kombinatorik und Schaltbarkeit eine bedeutende Rolle für neue Grundrisstypen spielen. Öffnungen erfüllen in diesen Räumen vielfältige Funktionen hinsichtlich der Übergänge in den Innen- bzw. Außenraum.
- Soziale Bedeutung. Übergangszonen zwischen Innen und Außen erweitern als besonderer Erfahrungs- und Handlungsraum das räumliche Spektrum von Wohngebäuden.
- Ästhetisch, atmosphärische Qualität. Als Mittel zur Gestaltung lebendiger Fassaden sorgen räumliche Öffnungen für ein hochwertiges äußeres Erscheinungsbild von Wohngebäuden. Als Element zum differenzierten Umgang mit Innen-Außen Bezügen leisten räumlich differenzierte Öffnungen einen Beitrag für eine hohe atmosphärische Qualität der Innenräume.

Fenster und Raum – Die Räumlichkeit des Fensters

Stand bisher die formale, funktionale und technische Betrachtung von Öffnungen im Vordergrund, ist es notwendig Fenster vor allem unter räumlichen Aspekten zu betrachten. Öffnungen sollten nicht nur in ihrer Beziehung zur Außenwand, sondern immer im Gesamtzusammenhang des jeweiligen räumlichen Gefüges gesehen werden. Dies gilt sowohl hinsichtlich ihrer Bedeutung für die atmosphärische Qualität eines Raumes, als auch für ihre Rolle im Bedeutungszusammenhang von raumklimatischen Fragen.

Der Charakter eines Raumes wird wesentlich von Größe, Lage, Proportion und Art der Öffnung bestimmt. Erst durch die Anwesenheit der Öffnung wird der Raum zum Raum, er definiert sich in seiner Opposition zu einem Außen als Innenraum. Fenster im Raum ermöglichen dem Menschen einen Blick auf die Welt, sie ermöglichen Wahrnehmung und Beobachtung, sie gewährleisten überhaupt erst den Kontakt zur Welt aus einem gesicherten Inneren. Erst durch die Öffnung im Raum kann eine Beziehung zwischen Mensch und äußerer Welt hergestellt werden. Die Öffnung wird dadurch zu einem Raum konstituierenden Element.

Bezogen auf raumklimatische Gesichtspunkte müssen zuerst grundlegende Fragen berührt werden. Heute scheint selbstverständlich dass ein Innenraum bestimmte Qualitäten zu erfüllen hat die mit physikalischen Werten festgelegt und in Normen fixiert sind. Auch die Qualitäten des Fensters werden in diesem Zusammenhang eingeordnet und bewertet. In Bezug auf die Debatte der Nachhaltigkeit bzw. der Energieeffizienz von Gebäuden wird die grundlegende Beziehung zwischen Innen und Außen selten diskutiert.

In den neuen Verordnungen beispielsweise der EnEV 2009, sowie in den Texten der Vertreter der Passivhausbauweise begegnen wir einer Haltung, die das Innen vom Außen konsequent trennt und versucht das innere Klima der Gebäude mittels ausgefeilter Messungen, einer Reihe von Normen und Verordnungen und neuester Technik möglichst genau zu kontrollieren.

Die Passivhausbauweise beruht auf einer Strategie nach der die Wärmeverluste so gering wie möglich gehalten werden, durch eine möglichst effiziente Wärmedämmung und der Luftdichtheit des Gebäudes in Kombination mit einer mechanischen Be- und Entlüftung. Dadurch soll es möglich sein auf eine klassische Heizung zu verzichten. Durch eine Nachheizung im Winter oder Nachkühlung im Sommer, der, mittels einer mechanischen Lüftung bereitgestellten Frischluft, sollen die erforderlichen Bedingungen im Gebäudeinneren gewährleistet werden. Eine eigenverantwortliche Lüftung durch Öffnen und Schließen der Fenster ist für das System Passivhaus kontraproduktiv. Das System setzt auf maximale Regelung!

Fast merkwürdig mutet dagegen die Äußerung des japanischen Architekten Hiroshi Naito an und bringt doch gleichzeitig das Wesentliche auf den Punkt.

Als der österreichische Fotograf und Autor Roland Hagenberg den Architekten in seinem Atelier in Tokio besuchte, um ihn zu interviewen und zu fotografieren, bemerkte er zu seinem Erstaunen, dass die Fenster in Naitos Büro nur einfachverglast waren. Ob ihn, einen Architekten, das nicht störe, fragte er den Japaner erstaunt. In Europa gebe es Einfachverglasungen aus Gründen der Energiehaushaltung so gut wie überhaupt nicht mehr. Naito antwortete milde Folgendes:

> »Ich stimme mit Ihnen in dieser Frage nicht überein. Sie beziehen sich auf eine sehr westliche Vorstellung von moderner Architektur, die sich im Grunde damit befasst, eine Box zu konstruieren und deren Inneres zu kontrollieren. In dieser von Kontrolle regierten Architektur verwenden die Menschen Airconditioners, Heizungen und Doppelverglasungen. Das mag Energie sparend sein, aber nicht ökologisch. Wirklich ökologische Architektur sollte sich zu den Außenräumen öffnen, und in diesem Zusammenhang könnte ich einen neuen Stil sehen, der sich für das 21. Jahrhundert entwickelt.« [4]

Sicherlich muss die Äußerung Naitos auch vor dem Hintergrund der Tradition der japanischen Bauweise und vor allem vor einem anderen Naturverständnis betrachtet werden, dennoch weist sie in ihrer Zuspitzung auf eine Position hin, die nun etwas genauer betrachtet werden soll.

Behaglichkeit

Welche Haltung steht hinter der gegenwärtigen Strategie wie sie sich in Normen und Verordnungen, z.B. der EnEV (Energieeinsparverordnung) niederschlägt und welche Rolle spielt das Fenster in diesem Zusammenhang?

Dazu ist es ein kleiner Exkurs notwendig. Der Fokus liegt hier auf einem Begriff mit dem der Versuch unternommen wird den Normen eine objektive Grundlage zu geben: *Behaglichkeit*.

Die wichtigste Norm in diesem Zusammenhang ist die DIN EN ISO 7730[5].

Behaglichkeit bezieht sich dort in erster Linie, und das hat weit reichende Folgen, auf die thermische Behaglichkeit und versucht mit Hilfe des PMV- und des PPD-Indexes[6], die auf den dänischen Wissenschaftler Ole Fanger zurückgehen, diese zu definieren. Dabei werden die Lufttemperatur, die mittlere Wandoberflächen-temperatur, die Luftfeuchte, die Luftgeschwindigkeit, sowie die Kleidung und der Aktivitätsgrad der Personen als grundlegende Parameter berücksichtigt.

Ziel der Untersuchungen ist es die Temperatur zu ermitteln, bei der ein subjektives Wohlempfinden des Menschen mit seiner Umgebung vorhanden ist, d.h. eine Temperatur, bei der es den meisten Menschen nicht zu warm oder zu kalt ist. Zusätzlich müssen die vertikale Temperaturschichtung, die Strahlungsasymmetrie, Zugluft-erscheinungen und die Oberflächentemperatur mit bedacht werden. Der ermittelte Wert dient dazu alle für seine Erhaltung notwendigen Parameter einzustellen und zu gewährleisten dass diese Bedingungen gleich bleibend erhalten werden.

Fenster spielen beim Versuch die thermische Behaglichkeit zu gewährleisten eine entscheidende Rolle. Sie gelten als thermischer Schwachpunkt gegenüber der sie umgebenden Wand. Die Strategie bezüglich der Öffnungen im Passivhaus folgt der generellen Logik Transmissions- und Lüftungswärmeverluste unter allen Umstän-den zu vermeiden. Um die möglichst geringen erforderlichen inneren Oberflächen-temperaturen zu erreichen müssen Fenster gewählt werden, die einen effektiven mittleren U Wert von $U_W \leq 0.8$ W/m²K aufweisen. Lüftungswärmeverluste werden ausgeschlossen, es darf nicht per Öffnen des Fensters gelüftet werden. Das Passiv-haus ist dann am effektivsten wenn es geschlossen bleibt.

Zwar werden auch passive solare Gewinne in Betracht gezogen, in erster Linie ist die Strategie des Passivhauses aber darauf ausgerichtet durch möglichst kont-rollierte Verhältnisse hinsichtlich einer Trennung zwischen Innen und Außen mit mechanischen Mitteln Wärmeverluste zu vermeiden. Der Mensch wird darin fast zum Störfaktor, in dem er beispielsweise im Winter das Fenster öffnet und damit die Energiebilanz verschlechtert.

Durch seine normative Verwendung erhält *Behaglichkeit* etwas stationäres, wo doch menschliches Erleben alles andere als konstant ist. Die ermittelten Behag-lichkeitskriterien, eine gleichmäßige Temperatur von ca. 21°C, eine definierte Luft-feuchtigkeit und Luftwechselrate werden als Optimum festgelegt und es gilt nun unter allen Umständen diese Bedingungen einzuhalten, Varianz sieht das System nicht vor, Unregelmäßigkeiten gelten als Fehler und müssen vermieden werden. Alles ist jederzeit optimal eingestellt ohne dass der Bewohner selbst etwas dafür tun muss, nichts mehr regeln oder anfassen, keine Fenster mehr bedienen, vielleicht liegt gerade auch darin ein Defizit. Das Fenster ist in diesem System nur ein Bauteil, das mit möglichst neuen Technologien optimiert wird.

Auch wenn ein sehr geringer Jahresheizenergiebedarf (beim Passivhaus 15 kWh/ m²a) erreicht wird, – heiligt der Zweck die Mittel?

Ist eine technisch orientierte, mechanistische Denkweise, die versucht die Einzelelemente effizienter zu machen und durch möglichst optimale Regelung den Energieverbrauch zu senken die einzig mögliche, zumal die vorhandene solare Strahlung nur bedingt genutzt wird?

Dagegen stehen Lösungen die versuchen mit möglichst wenig Technik, mit klassischen architektonischen Mitteln und vor allem mittels Nutzung der vorhandenen solaren Energie die anstehenden Fragen zu beantworten. Vor allem die richtige Grundrisszonierung im Zusammenhang mit Methoden passiver Solarenergienutzung spielen hier die entscheidende Rolle. Dies ist keineswegs neu, bereits in den 8oer Jahren, nach ersten Erfahrungen der Energieknappheit und der damit beginnenden ökologischen Bewegung gab es zahlreiche Versuche Zwischenräume als Teil einer mehrschichtigen Gebäudehülle neu zu entdecken. Untersuchungen von Thomas Herzog und Julius Natterer beschäftigten sich explizit mit der besonderen Bedeutung von Übergangsbereichen als Erfahrungs- und Handlungsraum, basierend auf einer Typologisierung der traditionellen Übergangsbereiche in autochthonen Haustypen.[7]

Die Bedeutung dieser Untersuchungen liegt in erster Linie in der Aufmerksamkeit, die den Zwischentemperaturbereichen zukommt. Eine »Zusammenfassung möglicher Wohnvorgänge und Nutzungen im Hüllbereich« zeigt im Ansatz den Zusammenhang zwischen den »energetischen Wirkprinzipien und den Einzelformen der Nutzung« in diesen Zonen.

Zwischentemperaturbereiche werden durch Verglasungen im Zusammenhang mit im Raum vorhandener Speichermasse zu energetisch wirksamem Raum. Der Raumabschluss dieser Räume kann als Erweiterung des klassischen Fensters verstanden werden und hat seine Vorbilder in Glasanbauten, Wintergärten und mittels Vorsatzfenster im Winter verglaster Lauben.

Hier ist es notwendig den Behaglichkeitsbegriff neu zu denken. Eine stets unter allen Umständen zu erhaltende optimale Temperatur ist nicht notwendig. Auf etwas niedrigere Temperaturen im Winter und auf etwas höhere Temperaturen im Sommer kann mittels Kleidung oder Nachtauskühlung durch Öffnen der Fenster reagiert werden.

In diesem Zusammenhang muss auch die Rolle des Fensters neu gedacht werden. Fenster werden zum räumlichen Element. Traditionelle Fenstertypen wie z.B. das Kastenfenster werden neu bewertet und in Fassadensysteme (Luftkollektorfassaden) integriert, die solare Gewinne ermöglichen. Im Zusammenhang mit Luftkollektorfassaden ermöglichen Kastenfenster verschiedene Varianten der Be- und Entlüftung, der Vorwärmung im Winter oder der Kühlung im Sommer über Nachtauskühlung. Fenster sind in diesen Systemen notwendige architektonische Elemente, die verstanden und bedient werden wollen und deren Vielfalt bezüglich verschiedener Ebenen und Teilelemente enormes Potential bietet. Aus diesen Gründen müssen

Öffnungen sowohl im Detail, als auch im Gesamtzusammenhang des Gebäudes gedacht werden. Martin Tschanz setzt sich in seinem Aufsatz *Bildhaftigkeit oder räumliche Verschränkung. Wie Fenster innen und außen trennen oder verbinden*[8] mit der Verknüpfung oder Trennung zwischen Außen und Innen auseinander und stellt abschließend fest: Wenn es darum geht, eine Verknüpfung zwischen innen und außen zu schaffen, die über die einer distanzierten Sichtbarkeit hinausgeht, scheint in jedem Fall die Räumlichkeit des Fensters entscheidend zu sein. Dass diese auf unterschiedlichste Arten geschaffen werden kann und dass dabei verschiedene Arten der Raumbildung kombiniert werden können, versteht sich von selbst.

Ziel muss es sein, das Fenster nicht als flächiges und isoliertes, sondern als räumliches Element zu betrachten, dessen Einzelkomponenten in gegenseitiger Abhängigkeit stehen. Die Öffnung wird als Teil eines räumlichen Übergangs betrachtet. Das Fenster bekommt seine Bedeutung somit durch seinen Beitrag zur Raumbildung bzw. durch seine ihm eigene Räumlichkeit. Das Fenster ist damit primär ein architektonisches Element. Technische Neuerungen bezüglich der verwendeten Materialien können hilfreich sein, im Vordergrund steht jedoch die Qualität der räumlichen Fügung, sowohl im Detail als auch in ihrer Beziehung zur Wand bzw. dem anschließenden Innen- und Außenraum.

Ein tieferes Verständnis sowohl der Einzelaspekte, aber vor allem der Zusammenhänge und der gegenseitigen Abhängigkeiten ist die Grundlage für eine architektonische Antwort auf die Frage der Neubestimmung der Beziehung zwischen Innen und Außen unter dem Fokus der Nachhaltigkeit. Das Fenster verstanden als architektonisches Element mit einem, sowohl in der Stilgeschichte der architektonischen Epochen, wie auch in der autochthonen bzw. vernakulären Architektur, reichhaltigen Vokabular, schafft die Basis für eine Neuinterpretation und Transformation auf räumlicher Ebene.

Dieser Text ist Teil eines laufenden Promotionsvorhabens mit dem Titel *Das Fenster als Zwischenraum. Typologische Klassifikation von Öffnungen an Wohngebäuden im 20. Jahrhundert unter besonderer Berücksichtigung ihrer Räumlichkeit* (TU Darmstadt, Fachbereich Architektur)

---

1   M. Corrodi, K. Spechtenhauser, *Lichteinfall*, Basel [u.a.]: Birkhäuser, 2008, S. 84

2   M. Tschanz, »Bildhaftigkeit oder räumliche Verschränkung. Wie Fenster innen und aussen trennen oder verbinden« In: *werk, bauen + wohnen*, 9 (2007), S. 4–9

3   siehe 1, S. 84

4   U. Woltron in DER STANDARD, Print-Ausgabe, 14./15.5.2005; Buchbesprechung des Buches »14 Japanese Architects«, R. Hagenberg

5   DIN EN ISO 7730:2006–05: *Ergonomie der thermischen Umgebung - Analytische Bestimmung und Interpretation der thermischen Behaglichkeit durch Berechnung des PMV- und des PPD-Indexes und Kriterien der lokalen thermischen Behaglichkeit*

6   PMV-Index (Predicted Mean Vote) Index für das persönliche Wohlbefinden; PPD-Index (Predicted Percentage of Dissatisfied) Prozentsatz der Raumnutzer die mit den raumklimatischen Verhältnissen nicht zufrieden sind

7   Th. Herzog, J. Natterer (Hrsg.), *Gebäudehüllen aus Glas und Holz : Maßnahmen zur energiebewußten Erweiterung von Wohnhäusern*, Lausanne, 1984

8   siehe 2

These 2

Die Relevanz des Lokalismus und Kontextualismus

Weltraumstationen/Habitate in lebensfeindlicher Umgebung. Gleichgewicht zwischen Mensch und künstlichem Lebensraum

Prämisse und Einführung: Wohnmaschinen ISS, Mir und Skylab

Im Mittelpunkt der Planung eines Weltraumhabitats steht der Mensch als komplexes System. Für ein Leben im Weltraum müssen alle Umwelt-Rahmenbedingungen künstlich geschaffen werden: Der Mensch kann im Weltraum bei Temperaturen von −270 °C bis +300 °C, im Vakuum ohne den Schutz der Atmosphäre nicht überleben.

Das System Mensch, gemeint sind hier die im Körper stattfindenden Prozesse und Reaktionen, muss im Weltraum ein Habitat vorfinden, welches punktuell durch die Nutzung technischer Subsysteme künstlich ein Gleichgewicht herstellt. Die Tatsache, dass solch ein System, wenn auch mit großem technischem Aufwand, realisierbar ist, eröffnet viele neue Möglichkeiten für ein Habitatsystem auf der Erde, wo die Nutzung regenerierbarer Prozesse in einem viel einfacheren Maß Anwendung finden könnte.

Das Weltraumhabitat (gemeint sind hier die Weltraumstationen ISS, Skylab und Mir) ist eine hochtechnologische Wohnmaschine und ein wahrhaftiges »Existenzminimum«. Hier kann der Mensch auf kleinstem Raum leben und allen Tätigkeiten wie Arbeiten, Entspannen, Essen, Schlafen, Trainieren, Kommunizieren etc. nachgehen. Das Existenzminimum ist nicht nur physisch zu verstehen, sondern auch soziokulturell, denn die Kommunikation mit der Erde ermöglicht auch eine »Teilhabe« am gesellschaftlichen, kulturellen und politischen Leben.

Im ersten Teil dieses Beitrages wird die notwendige Technologie zur Realisierung von Weltraumhabitaten – auf der Basis der bisher gesammelten Erfahrungen zur Entwicklung und Betreibung von Weltraumstationen – kurz beschrieben. Im zweiten Teil folgt eine kurze Betrachtung der soziokulturellen und psychologischen Bedingungen, der sogenannten »*Human Factors*«. Zum Schluss wird auf die Nutzung und Anwendbarkeit dieser Erfahrungen bei der Planung von Habitaten auf der Erde eingegangen.

Weltraumhabitate / Das Lebenserhaltungssystem – Wasserzyklus

Der Mensch kann außerhalb der Erdatmosphäre nicht überleben. Leben auf Weltraumstationen wird durch das Lebenserhaltungssystem (eng. Environmental Control and Life Support System ECLSS) ermöglicht. Das ECLSS schafft die physiologisch notwendige Umgebung. Im Weltraumhabitat müssen Wasser, Luft und Nahrung für die hier lebenden Menschen in ausreichender Menge zur Verfügung stehen, gleichzeitig müssen die vom Menschen abgeschiedene Stoffe, Kohlendioxid (CO_2), Wasser, Urin und Kot, gesammelt, gelagert oder aufbereitet und wieder verwendet werden. Das Weltraumhabitat ist ein geschlossenes System im luftleeren Raum des Weltraum-Vakuums. Die zum Leben notwendigen Stoffe müssen von der Erde mitgenommen und auf der Station möglichst aufbereitet und wiederverwertet werden. Das Ziel, ein geschlossenes Ökosystem als Habitat im Weltraum zu realisieren, bedarf noch vieler Forschung. Bisher wurden experimentell 3 beispielhafte geschlossene Ökosysteme, die für Weltraumhabitate eine Relevanz haben könnten, geplant und getestet: Biosphere 2, Melissa und die BIOS-3. Obwohl geschlossene Ökosysteme zur Zeit für Weltraumhabitate noch nicht verfügbar sind, kann man für die Weltraumstationen MIR und ISS von nahezu geschlossenen Subsystemen bzw. regenerativen Verfahren für Luft- und Wasseraufbereitung ausgehen.

Wasser aus Habitatentfeuchtung wird auf der ISS und wurde auf der MIR wiederverwendet. Die Aufbereitung von Abwasser setzt die Trennung der H2O-Moleküle von Schadstoffen voraus. Dies kann durch Filterung, Phasenumwandlung, Osmose und Oxidation erfolgen. Im Falle von Urin müssen Kohlenwasserstoffe und Ammoniak ausgefiltert werden, bei Waschwasser Seifen, Natrium, Chloride und Milchsäuren. Trinkwasser muss mikrobiologisch rein sein. Bei den Aufbereitungsverfahren entsteht ein hochkonzentriertes Abwasser. Die Quantität dieses Abfallprodukts entspricht der als Nachschub benötigten Frischwassermenge.

Trinkwasser wurde auf der MIR bis zu 80% aus aufbereitetem Feuchtigkeits-Kondensat gewonnen[1]. Auf der MIR wurde Wasser über drei geschlossene Subsysteme regeneriert und aufbereitet: Wasser aus Urin, Wasser aus Feuchtigkeits-Kondensat (Habitatentfeuchtung) und Wasser aus Hygiene-Abwasser. Wasser aus Urin wird durch Elektrolyse zu Sauerstoff aufbereitet, die Aufbereitung von Wasser aus Feuchtigkeits-Kondensat zu Trinkwasser erfolgt durch vier Filterstufen: einen Gas-/Flüssigkeitsfilter, ein Multifiltrationsverfahren, ein Verfahren, das Mikrobenwachstum unterbindet und schließlich Pasteurisierung. Die Vapor Compression Distillation (VCD) ist ein Phasenwechselprozess, bei dem das Schmutzwasser an der Innenseite einer Zentrifuge verdampft; der gereinigte Wasserdampf wird anschließend wieder komprimiert. Die Wasserwiederverwertungsraten des VDC-Verfahrens sind mit 96% sehr hoch. Beim Thermoelectric Integrated Membrane Evaporation System (TIMES) erfolgt die Phasentrennung nach der Verdampfung über eine Membran. Wassermoleküle werden zum Membranendurchtritt bewegt, schließlich wird der Dampf in einem Kondensator wieder verflüssigt. Die Wasserqualität, die bei den VCD- und TIMES-Verfahren erreicht werden kann, ist von der Menge der im Abwasser enthaltenen flüchtigen Gase abhängig, oft ist eine Vorbehandlung notwendig. Mit dem Vapor Phase Catalytic Ammonia Removal (VPCAR) kann auf eine Vorbehandlung verzichtet werden. VPCAR ist ein hybrides Verdampfungs-Oxidationsverfahren. Dem Membran-Verdampfer werden katalytische Betten nachgeschaltet, um Ammoniak zu oxidieren.

Das Verfahren Reverse Osmosis (RO) basiert auf dem Osmose-Prinzip bzw. »umgekehrter Osmose«, dabei handelt es sich um eine Filterung auf molekularer Ebene. Der Wasserzyklus auf der ISS und der Wasserprozessor (»Water Processor« WP) nehmen Abwasser aus der Habitatentfeuchtung, der Hygiene und den Experimenten zur Aufbereitung auf. Eine VCD-Einheit behandelt den Urin vor, der dann zusammen mit den weiteren Abwässern dem Wasserprozessor zugeführt wird. Im Prozessor finden mehrere Filterungen statt und am Ende wird das Wasser sterilisiert. Der PCWQM (»Process Control Water Quality Monitor«) überwacht am Ende des Prozesses die Wasserqualität und eventuell wird ein erneuter Filterungsprozess durchgeführt[2]. Das Schließen des Wasserkreislaufs ist eine Voraussetzung für das effiziente Betreiben einer Weltraumstation.

Klimakontrolle und Atemluftversorgung

Die Luft im Weltraumhabitat entspricht der Normalatmosphäre auf Meereshöhe mit einem Gesamtdruck von $p = 10113{,}6$ hPh. und einem Gemisch aus Stickstoff und Sauerstoff. Luftmanagement auf Weltraumstationen ist eine komplexe Aufgabe; sieben Funktionen müssen permanent kontrolliert werden und in Betrieb bleiben: Umwälzung der Habitatluft, Temperatur und Feuchtigkeitskontrolle, Luftzusammensetzung und Luftdruck, Luftfilterung (Partikel und Spurengase), Bereitstellung der Atemgase (N_2, $= 2$), CO_2-Filterung und regenerative Funktionen[3]. Die sogenannte »Atmosphere Revitalization« wird oft in einer Baueinheit mit den Funktionen Umwälzung, Temperatur- und Feuchtigkeitskontrolle, CO_2-Filterung, Luftfilterung und -bereitstellung ausgeführt. Auf der ISS sind das Elektron, im russischen Zvezda Modul eingebettet, und das OGS (Oxigen Generation System) im US-amerikanischen Destiny Modul in Betrieb. In Schwerelosigkeit muss die Luft wegen der fehlenden Schwerekonvektion mittels Ventilatoren umgewälzt werden, um lokale CO_2- und Wärmekonzentrationen zu verhindern. Die entstehenden Lüftungskreisläufe werden zur Filterung, Kontrolle und Regeneration genutzt. Die Lufttemperatur ist für Physis und Psyche der Menschen im Habitat wichtig. Mehrere Faktoren wie Luftfeuchtigkeit, körperliche Aktivität, Kleidung oder Luftbewegung beeinflussen die Definition des Temperaturempfindens. Die Atemgase Sauerstoff und Stickstoff werden in gespeicherter Form von der Erde nachgeschoben oder durch Elektrolyseprozesse auf der Station produziert. Die Speicherung erfolgt über Hochdrucktanks oder in chemischer Form. Elektrolyse ermöglicht die Produktion von Sauerstoff aus Wasser; dadurch können die Abwasser (z.B. Urin) aufbereitet und als Sauerstoff regeneriert werden. Die Koppelung der Luft- und Wassersysteme ist aus mehreren Gründen vorteilhaft: Massenersparnis, Redundanz, Sicherheit, Logistik und Technik (Aufwand und Prozess). Elektron und OGS bereiten Wasser (Abwasser) durch Wasserelektrolyse auf, der gewonnene Sauerstoff wird für das Habitat verwendet, Wasserstoff wird im Weltraum freigesetzt. Theoretisch kann der Sauerstoffbedarf einer Weltraumstation durch Elektrolyse gedeckt werden, dies geschieht derzeit auf der ISS und geschah davor auf der MIR. Der gespeicherte Sauerstoff aus Sauerstoffkerzen und -tanks dient zur Notfallversorgung. (Die Verwertung von Wasserstoff, z.B. für Antriebszwecke, würde das System weiter optimieren.) Zur Aufbereitung der Atemgase gehört auch die CO_2-Filterung. Um das ausgeatmete Kohlendioxid abzufiltern, stehen mehrere Verfahren zur Verfügung. Beim Lithiumhydroxid-Verfahren wird CO_2 chemisch gebunden, CO_2 reagiert in Kontakt mit LiOH zu Lithiumkarbonat und Wasser. Dieses Verfahren ist durch geringe technische Komplexität und Fehleranfälligkeit gekennzeichnet, einfache Metallkartuschen mit LiOH-Granulat werden von der Habitatluft durchströmt. Negativ ist die hohe Masse für Nachschub und Entsorgung zu bewerten. Die LiOH-Filtermetode ist nicht regenerativ und daher weniger interessant. Auch das Electrochemical Depolarized CO_2 Concentration (EDC) Verfahren ist nicht regenerativ. Das Prinzip der Brennstoffzellenreaktion erfolgt bei einer »kalten Oxidation«, in der Wasserstoff zu Wasser oxidiert. Die Molekularsiebtechnologie dient zur regenerativen CO_2-Abscheidung. Es ist ein Verfahren, das bereits auf der Skylab Einsatz fand und heute auf der ISS in Betrieb ist. Man lässt die Luft durch ein Absorptionsbett strömen, und das Kohlendioxid wird im Kontakt mit Zeolith gebunden. Im »de-absorption-Modus« wird das gebundene CO_2 durch Wärme und Vakuum wieder ausgetrieben. Im Stationsbetrieb funktionieren zwei Absorptionsbetten im Wechsel von Absorptions- und »de-absorption-Modus«. Bei Ausnutzung des Weltraumvakuums geht CO_2 verloren und der Stoffkreislauf der Station wird nicht geschlossen. Ein weiteres regeneratives Verfahren ist das der Solid Amine Water Desorbed CO_2 Control (SAWD). Dies ist ein »passives« Absorptionsverfahren, bei dem die Luft durch ein granulatartiges Aminharz strömt – unter Nutzung von Wasser als Katalysator. Dabei lagert sich das Kohlendioxid am Amin als Bicarbonatgruppe ab. Die Regeneration erfolgt durch die Flutung des Aminbettes mit Wasserdampf. Der bei »de-absorption-Modus« zurückgebliebene Wasserdampf wird am Ausgang des Gerätes mit einem kondensierenden Wärmetauscher aufgefangen. Um den Luftkreislauf möglichst zu schließen, kann der gebundene Sauerstoff aus dem bei regenerativen Filterverfahren entstandenen Prozessgas Kohlendioxid gewonnen werden. Beim Sabatier-Verfahren zerfällt Kohlendioxidgas zu Methan und Wasser. Kohlendioxid wird unter Beimischung von Wasserstoff durch einen Reaktor geleitet, in dem eine exotherme Reaktion stattfindet; generell wird der Reaktor mit einem Wärmetauscher für Abgas versehen. Das Sabatier-Verfahren kann, gekoppelt mit weiteren Systemen, entscheidend zum Schließen des Zyklus beitragen. Methan kann in einer pyrolytischen Zersetzung wiederum in Wasserstoff und Kohlenstoff zersetzt werden; der in der »Carbon Formation Unit« (CFU) entstandene Kohlenstoff wird aus dem Reaktor einfach entfernt.

Ein Beispiel für einen geschlossenen Sauerstoffkreislauf könnte aus einem EDC-Konzentrator, einem Sabatierreaktor (SR), einem Elektrolysegerät und einer Pyrolyseeinheit (CFU) bestehen. Dabei ist zu bemerken, dass auch bei kompletter O_2-Wiederherstellung keine vollständige Regeneration erfolgt: von den 0,84 kg Sauerstoff, die ein Mensch pro Tag braucht, werden im o. g. Sauerstoffkreislauf nur 0,73 kg erzeugt. Es müssen also pro Tag 0,11 kg ergänzt werden. Der menschliche Körper benötigt die Sauerstoff-Atome für den Zellaufbau, zur Schadstoffoxidierung und für das Immunsystem. Langfristig scheidet der Körper diese Substanzen in nicht verwertbarer Form wieder ab[4].

Abfallmanagement

Abfälle werden gesammelt, zerkleinert, chemisch und biologisch stabilisiert, gespeichert und zur Erde zurückgeführt, oder man lässt sie in der Atmosphäre verglühen. Grundsätzlich wird nach Art der Abfälle unterschiedlich verfahren; trockene Abfälle, die sogenannten »dry wastes«, können einfach gelagert werden, während Abfälle aus der Hygienestation und der Küche stabilisiert werden müssen, um einer Kontamination der Station vorzubeugen.

Bioregenerative Lebenserhaltungssysteme

Die Stoffkreisläufe für Luft und Wasser können nahezu durch chemisch-physikalische Prozesse geschlossen werden, der Kohlenstoffkreislauf jedoch nur durch bioregenerative Verfahren. Kohlenstoff wird als Nahrung zugefügt und bleibt in Form von Abfall übrig. Zum Schließen des Kreislaufes müssen die Stoffwechselprodukte regeneriert und Nahrung erzeugt werden. Dies kann mit einem biologischen Lebenserhaltungssystem (BLSS) erfolgen: durch photosynthetische und mikrobiologische Prozesse. Bei Nutzung eines BLSS könnte auf der Station Nahrung produziert werden bei gleichzeitiger Regeneration von Kohlendioxid; Biomüll könnte durch Mikroorganismen abgebaut werden. Für Mond- und Marsstationen wäre die BLSS unverzichtbar, weil eine Nachschublogistik aufgrund von Kosten- und Zeitaufwendungen nicht realisierbar ist.

Biosphären

Experimente zur Realisierung von biologischen Lebenserhaltungssystemen wurden bereits durchgeführt, beispielhaft werden hier die drei wichtigsten kurz beschrieben – erfolgreich getestet wurde bisher nur das sowjetische Lebenserhaltungssystem der BIOS 3.

Das Projekt Biosphere 2 wurde 1987 in Arizona, USA begonnen: Auf 12.700 qm wurden die Vegetationszonen der Erde in einem nahezu geschlossenen künstlichen Ökosystem simuliert. Biosphere 2 war für eine Gruppe von bis zu acht Personen ausgelegt. Das Projekt wurde nach einer Sauerstoffpanne 1991 abgebrochen.

BIOS 3 wurde in Krasnojarsk in Sibirien als Modellbiosphäre wissenschaftlich betrieben und untersucht. Die Biosphäre mit 315 Kubikmetern Rauminhalt wurde zwischen 1965 und 1972 gebaut und bis 1984 genutzt. Zwei bis drei Wissenschaftler konnten hier für einen Zeitraum von bis zu sechs Monaten leben; Algen, Mikroorganismen und höhere Pflanzen wurden in dem geschlossenen Ökosystem der BIOS 3 zur Regeneration angepflanzt.

Das MELiSSA (Micro-Ecological Life Support System Alternative) Projekt ist ein weiteres Beispiel für ein biologisches Lebenserhaltungssystem. Es handelt sich dabei um ein Wasserökosystem, in dem Nahrung, Wasser und Sauerstoff aus der Regeneration von Fäkalien und Urin entwickelt werden. MELiSSA besteht aus 5 Ökosystemen, in denen Bakterien, höhere Pflanzen und Menschen in einem regenerativen natürlichen Zyklus integriert sind[5]. Das Projekt wurde 2005 als ESA (European Space Agency) Kooperationsprojekt begonnen und befindet sich derzeit noch in der Experimentierphase.

Energieversorgung / Gewinnung und Speicherung

Die Energie, die für die Betreibung und Versorgung der ISS notwendig ist, wird allein durch die Nutzung der Sonnenenergie gewonnen. Über 250.000 Silikonsolarzellen sind in 16 Solarpanele mit einer Größe von je 35m x 11,5m eingebettet. Die Solarpanele sind auf acht sogenannten »Photovoltaic Modules« (PVMs) mit je zwei Panelen angebracht. Rotationsgelenke dienen zur Sonnenausrichtung der Panele. Die Solarelemente arbeiten unabhängig voneinander. Das gesamte System hat die

Größe eines Fussballfelds, die Solarpanele allein eine Fläche von ca. 3.250 m². Mit den 110 kW Energie, die von den Panelen erzeugt werden, könnten auf der Erde bis zu 55 Häuser[6] versorgt werden. Ein Teil der produzierten Energie wird mittels Akkumulatoren bzw. Nickel-Wasserstoff-Zellen gespeichert, um die Station auch in der »Nacht« (35 min Verschattung der 90 min langen Erdumkreisung der Station) mit Energie zu versorgen. Zum Transport von der Erde zur ISS wurden die Panele nach dem »Ziehharmonikaprinzip« gefaltet und in einer sogenannten »solar array blanket box« von 0,51 m x 4,57 m transportiert. Die Solarpanele charakterisieren durch ihre Ausdehnung und Beschaffenheit die Gestalt der ISS.

Schon in den 70er[7] Jahren wurden zur Versorgung der Skylabstation Solargeneratoren verwendet. Mit einer Gesamtfläche der Solarzellen von 216 m² konnten auf der Skylab die Anlagen betrieben werden, die den drei Besatzungsmitgliedern einen »komfortablen« Aufenthalt in der Weltraumstation garantierten.

Human Factors

»Human Factors« untersucht Verhalten, Fähigkeiten, Grenzen und andere Eigenschaften des Menschen und wendet dieses Wissen auf die Gestaltung von Werkzeugen, Systemen, Umgebung, Arbeitsabläufen und Aufgabenstellungen an, um einen sicheren, produktiven, bequemen und effektiven Gebrauch durch den Menschen zu ermöglichen.[8]

Diese Definition ist dem Begriff Ergonomie sehr nahe. Dabei ist hervorzuheben, dass unter Human Factors mehr als nur Ergonomie zu verstehen ist; denn es ist nicht nur die Wechselbeziehung zwischen dem Umfeld und dem Körper, sondern auch die zwischen dem Umfeld und der menschlichen Psyche gemeint. Folgend werden die wesentlichen Aspekte der Human Factors im Weltraumhabitat kurz angedeutet. Dabei wird zwischen Körper und Psyche unterschieden.

Körper
SAS Space Adaptation Syndrome

Beeinträchtigung des Gleichgewichtssinnes. Microgravitation bzw. Schwerelosigkeit auf Orbitalstationen führen zum Ausfall der Vestibularorgane. Konkret führt der Aufenthalt in Schwerelosigkeit zu Übelkeit, Erbrechen und Schwindelgefühlen bzw. zum sogenannten »Space Adaptation Syndrome« SAS. Diese Art der Kinetose (vergleichbar mit Seekrankheit) ist meistens nach einer Adaptionszeit von 3 bis 5 Tagen überwunden.

Flüssigkeitsverschiebung
(Fluid Shift)

Die Körperflüssigkeit verschiebt sich bei Schwerelosigkeit in Oberkörper und Kopf. Die Beine erscheinen extrem dünn (»Chicken Legs«) und das Gesicht geschwollen (»Puffy Face«). Die dabei auffallenden Beschwerden sind Beeinträchtigungen der Geschmacksorgane wie bei einer Erkältung und eventuell der Farbwahrnehmung, wobei dieses Phänomen und dessen Ursachen noch nicht ausreichend untersucht wurden.

Muskelabbau

In Schwerelosigkeit wird Muskelgewebe abgebaut, durch regelmäßiges Training kann dies begrenzt werden.

Knochenabbau/Osteoporose

Der Knochenabbau ist eine der schwerwiegendsten Folgen eines Aufenthalts in Schwerelosigkeit. Entkalkung stellt neben den Strahlenrisiken eine der gravierendsten Auswirkungen des Weltraumaufenthalts dar[9].

Psyche

Lange Aufenthalte im Weltraumhabitat können Folgen für die Psyche haben. Das Zusammenleben der Weltraumfahrer auf engstem Raum kann schwerwiegende Konfliktsituationen herbeiführen. Die Isolation in einem Umfeld voller Gefahren kann zu Aggressivität und Stress führen. Die künstliche Umgebung des Weltraumhabitats ist monoton. Licht, Farbenvielfalt oder Gerüche sind in einem sehr beschränkten Maß vorhanden, nicht vergleichbar mit einer natürlichen Umgebung auf der Erde. Diese Faktoren können zu Depressionen und Demotivation führen.[10] Die Gestaltung der Habiträume hat in diesem Zusammenhang eine besondere Bedeutung. Zur Linderung der Stresssituationen ist eine akkurate Planung gefragt. Bewegungsabläufe, vielfältige Nutzung derselben Bereiche und Überlappung von Funktionen sind wesentliche Merkmale beim Entwurf des Weltraumhabitats. Eine klare Organisation des privaten und des öffentlichen Raums dient zur Vereinfachung des soziokulturellen Zusammenlebens.

Zurück zur Erde

Die Erfahrungen aus den Weltraumhabitaten wie ISS, Mir, Skylab und den ersten Salyut-Stationen können in vielerlei Hinsicht Nutzen für die Planung von Habitaten auf der Erde haben. Hier werden im Folgenden stichwortartig einzelne Aspekte der möglichen Anwendbarkeit untersucht.

Nachhaltigkeit/Geschlossene Systeme/Erneuerbare Energien

Grundsätzlich muss die Konzeption eines Weltraumhabitats (abgesehen von der Beförderung in den Weltraum) nachhaltig sein. Die externe Zufuhr von Rohstoffen und die Abfuhr von Abfällen müssen aus logistischen Gründen gering gehalten werden. Dies bedeutet, dass im Prinzip nur geschlossene Systeme angewendet werden. Wasser und Luft werden zu einem hohen Grad wiederaufbereitet. Verschwendung wird vermieden. Auf der Erde könnte eine noch viel höhere Effizienz durch die konsequente Nutzung von regenerativen biologischen Verfahren erzielt werden. Sowohl bei der Planung neuer als auch bei der Ergänzung bestehender Siedlungen könnten somit die Müllproduktion und der Trinkwasserverbrauch optimiert werden. Dies könnte in naher Zukunft bei einer stetig wachsenden Weltbevölkerungszahl eine mögliche Lösung vieler Probleme bedeuten. Der konzeptionelle Ansatz kann sowohl als »Low-tech«- als auch als »High-tech«-Entwicklung Anwendung finden.

Die Nutzung erneuerbarer Energien erfolgt im Weltraum durch die Nutzung der Sonnenenergie; auf der Erde stehen noch viel mehr Möglichkeiten zur Verfügung. Der konsequente Ausbau und die Nutzung erneuerbarer Energien sind das einzig tragbare Modell für die Zukunft.

Raumverbrauch / Soziologie / Psychologie

Der Umgang mit Raum ist im Weltraum optimiert. Auf kleinstem Raum können unterschiedlichste Aktivitäten stattfinden. Die präzise Planung dieser minimalen Räume könnte auch für die Planung auf der Erde Anwendung finden. Dabei ist die Multifunktionalität der Räume und Bereiche von besonderem Interesse, ebenso wie die räumliche und dimensionale Definition von privatem und öffentlichem Raum.

Die Anwendbarkeit dieser Modelle ist sowohl für Not- und temporäre wie auch für dauerhafte Habitatformen zu prüfen. Eine Vertiefung und eine gezielte Nutzung der Methodologie könnte zu einer ausgeglichenen und nachhaltigen Weltbesiedelung ohne negative Folgen für die Umwelt – auch bei sehr großen Bevölkerungszahlen – beitragen.

1 Seite 116 aus: Subcommittee on Spacecraft Water Exposure Guidelines, Committee on Toxicology, Board on Environmental Studies and Toxicology, National Research Council, *Methods for Developing Spacecraft Water Exposure Guidelines*, The national academic Press 2000, ISBN-10: 0-309-07134-8

2 Gustavino, S. R.; McFadden, C. D.; Davenport, R. J.: »*Concept for Advanced Waste Water Processing System*«, 24th Int. Conf. On Environmental Systems, Friedrichshafen, Deutschland, 20.–23. Juni 1994

3 Seite 117 aus: Ernst Messerschmidt, Reinhold Bertrand und Frank Pohlemann, *Raumstationen. Systeme und Nutzungen*, Springer Verlag Berlin Heidelberg New York 1997

4 vergl. Kap. IV aus: Ernst Messerschmidt, Reinhold Bertrand und Frank Pohlemann, *Raumstationen. Systeme und Nutzungen*, Springer Verlag Berlin Heidelberg New York 1997

5 aus ESA Webseite Link: http://ecls.esa.int/ecls/?p=melissa

6 aus: Powering the Future NASA Glenn Contributions to the International Space Station (ISS) Electrical Power System, FS –2000-11-006-GRC
   Link: http://www.nasa.gov/centers/glenn/pdf/84793main_fs06grc.pdf

7 S. 149 in: Messerschmid 1997

8 Sanders & McCormick (Sanders 87)

9 vergl. Kap. 11 Messerschmidt Raumstationen 1997

10 vergl. S. 52–56 A. Dominoni, »Industrial Design for Space«, Silvana Editoriale 2002 Milano

Das Forschungsprojekt A. G. E.

Im Rahmen der Sektion »*Nachhaltige Landschaften und Architekturen – Strategien für die Nachhaltigkeit*« des Symposiums, das vom 21. bis 24. Februar 2010 in der Villa Vigoni stattfand, stellte ich das interministeriale Forschungsprojekt A.G.E. vor, das ich als wissenschaftliche Koordinatorin geleitet habe. Das Projekt wurde unterstützt von den zwei französischen Ministerien – Ministère de la Culture et de la Communication (durch das BRAUP: bureau de la recherche architecturale, urbaine et paysagère) und Ministère de l'Ecologie, de l'Energie, du Développement durable et de la Mer (durch das PUCA: plan urbanisme, construction et architecture) – und trägt die Bezeichnung A.G.E./*Architecture de la Grande Echelle*. Das Forschungsprogramm A.G.E. wurde im Jahre 2005 von einem Komitee von Experten der zwei o. g. Ministerien gegründet – als Folge des Symposiums EURAU *L'espace de la grande échelle en question,* das 2005 in Lille stattgefunden hat. Für diese letzte Sektion hat das wissenschaftliche Komitee des Programms vorgeschlagen, die interdisziplinäre Herangehensweise durch die Verknüpfung von städtebaulichen und städtischen Bildungs- und Forschungsinstituten zu vertiefen. Neben den Fragen der unterschiedlichen Formen der Besiedelung des Territoriums, insbesondere der ländlichen Gebiete, sollten in dieser Sektion die Aspekte der ökonomischen und sozialen nachhaltigen Entwicklung vertieft werden. Dies unter Berücksichtigung unterschiedlicher Planungsmaßstäbe über öffentliche Flächen, Netzwerke, Bewegungen, ökologische Korridore, etc. Die wesentlichen Stichworte waren: Topographie, Grundbesitz, urbane Form, landschaftliche Herangehensweise. Im Rahmen der unterschiedlichen Kriterien – architektonische, städtebauliche und landschaftliche Projekte – war es Gegenstand dieser Forschung, die Zusammenhänge zwischen Wohnen und Mobilität, zwischen den sozialen Geographien und den räumlichen Darstellungen in den Städten und auf dem Land zu erkunden. Zum Schluss sollten Überlegungen zum Thema gemeinschaftliche und individuelle Wohnformen angestellt und im Hinblick darauf die existierenden Verknüpfungen zwischen Gemeinden, ländlichen Gebieten und heterogenen Habitatsystemen hinterfragt werden. Ausgehend von einem der Forschergruppe gut bekannten Gebiet sollte mit dieser Arbeit die Machbarkeit von strategischen Konzepten zur Qualifikation der städtischen und ländlichen Räume untersucht werden. Das A.G.E.-Programm wurde zudem von einer Studie zur Anthropologie der Räume begleitet – dies im städtebaulichen Großmaßstab, in dem neue Erkenntnisse zu Entwurf und Forschung gewonnen werden können. Der interministerielle, fächerübergreifende Ansatz dieser Arbeit führte zu einer Vision für die qualitative Entwicklung der Räume in der Praxis. Die Kriterien zur Auswahl waren: das Vorhandensein einer interdisziplinären Arbeitsgruppe; ein originelles und gut erarbeitetes Forschungsprojekt mit methodologischem und pädagogischem Nutzen; evaluierbare und richtungsweisende Forschungsergebnisse. Jede Equipe musste mit einer offiziell anerkannten Forschungseinrichtung zusammenarbeiten. Die von mir geleitete Gruppe – wie auch die weiteren ausgesuchten Equipen – wurde zwecks Zwischenberichterstattung zu mehreren Seminarveranstaltungen eingeladen, bei denen auch das ministerielle Expertenteam anwesend war. Dieses Verfahren diente zur Überprüfung und Stabilisierung der Forschungsmethologie sowie zur Vertiefung der bereits erarbeiteten Zwischenergebnisse. Auf die Arbeit wirkte sich dies insgesamt positiv aus. In der Forschung wird die generelle Problematik des polyzentrischen und zersiedelten Habitats für seismische Risikogebiete untersucht. In der Studie wird das Modell einer Siedlungsstruktur vorgeschlagen, in der die Integration und Verknüpfung unterschiedlicher Netzwerke eingeplant wird: die Siedlungsstruktur (Gemeinden bzw. Zentren und kleinere Satellitensiedlungen), das Netz der sozialen Infrastrukturen und Dienstleistungen sowie die Produktionsareale (Handwerk und Industrie), die Infrastruktur der Verbindungen (Zugänglichkeit, Gütertransport, Mobilität privat und öffentlich, Technologienetze, Logistik und Katastrophenschutz im Falle eines Erdbebens), das Netzwerk der natürlichen Ressourcen (Natur, Wasser, Landwirtschaft, unbebaute Freiflächen ohne Nutzung). Die Verknüpfungen und Überlappungen der Netze lassen das Raster des Masterplanes hervortreten, das die Vergrößerung der Zentren und satellitären Siedlungen ordnen und die Fokussierung auf die wichtigsten Knoten zur Lokalisierung der neuen Zentren (öffentliche Räume, Universitäten, logistische Plattformen, Bürgerzentren) erlauben wird. In dieser Arbeit wurden einige Studienfälle in der Region L'Aquila vor dem Hintergrund des Erdbebens analysiert. Es wurden zwei polarisierende Knoten betrachtet (Poggio Picenze und Cese Preturo) sowie ein Bereich der Stadt L'Aquila. Neben diesen polarisierenden Knotenpunkten wurden auch die Räume zwischen den Netzen analysiert, um mögliche Nutzungen und Entwicklungspotentiale zu verifizieren. Das vorgeschlagene Siedlungsmodell soll die Bebauungen der kleineren Zentren stärken mit dem Ziel der Aufwertung dieser Zentren, um zu verhindern, dass sie nach dem Erdbeben verlassen werden. Auf der anderen Seite sieht das Modell vor, die bestehenden Siedlungen durch neue Habitatformen zu vergrößern, deren vorgeschlagene Dimension zwischen Einfamilienhaus und Wohnblock liegt. Diese neuen Habitatformen sind gemäß typologischen und morphologischen Regeln geplant, die mit dem Bestand kompatibel und nachhaltig für Umwelt und Umgebung sind. Die Berücksichtigung des Kontextes und der Morphologie ermöglicht eine organische Entwicklung der Zentren und zugleich die Erarbeitung innovativer typologischer Wohnformen. Das erarbeitete Wohnmodell steht zwischen Wohnung, organischem Habitat, städtischer Struktur, öffentlichen Flächen und Nachbarschaften. Der theoretische Apparat, der als Ergebnis der Forschung entstehen soll, betrifft zwei Aspekte: die Suche nach neuen Modalitäten für die Transformationsprozesse der Räume, welche auf einer territorialen Ebene stattfinden können, bzw. der interkommunale Maßstab und die Gebiete, die von einem seismischen Risiko betroffen sind. Der zweite Aspekt betrifft den architektonischen Maßstab, in dem neue experimentelle Wohnformen entstehen. Es sind die Wohnmodelle, die zwischen dem Typus der »grands ensembles« und dem der »maisons individuelles« einzuordnen sind, mit dem Anspruch, innovativ auf die Probleme von Naturkatastrophen reagieren zu können. Am Ende werden in der Forschungsarbeit Richtlinien für Lehre und Praxis entwickelt mit dem Ziel, neue nachhaltige Habitatprojekte aufzuzeigen (minimale städtische Sruktur bzw. SUM). Die Nachhaltigkeit basiert auf drei Aspekten:

- soziologische Nachhaltigkeit: wegen der »intermédiairen« Größe im städtebaulichen Maßstab, in der neue Formen sozialer Beziehungen und neue funktionale »mixité« (Multifunktionalität) entstehen können,
- energetische Nachhaltigkeit: wegen der Nutzung von erneuerbaren Energien mit dem Ziel Null-Emissionen im Bereich Energieverbrauch,
- seismische Nachhaltigkeit: für das neue Modell von experimentellen Wohnformen, die erdbebensicher konzipiert werden.

Der interdisziplinäre Charakter der Gruppe sieht eine Integration verschiedener Disziplinen und professioneller Praktiken vor.

Die Auswahl der Equipe wurde aufgrund der spezifischen differenzierten Kompetenzen im Rahmen von vier Thematiken erarbeitet:

a) städtebauliche und ländliche sowie sozio-ökonomische Kompetenzen (Städtebauer, Landschaftsplaner und GIS Experten);

b) Experten für nachhaltige Architektur (Ingenieure, Architekten mit Fachkenntnissen in bioklimatischer Architektur, Wohnungsbau und Technologie);

c) Experten für geotechnische und seismische Ingenieurwissenschaften (Ingenieure, Geologen etc.);

d) Kompetenzen im Fachbereich Soziologie und Anthropologie (Soziologen, Anthropologen etc);

Diese wissenschaftlichen Kompetenzen sind in dem praxisorientierten Architekturbüro T-studio vereint, das – im Anschluss an die analytische Vorarbeit der Equipe – einen architektonisch-städtebaulichen Entwurf auf der Basis der bereits erstellten Richtlinien der Gruppen b–d erarbeiten wird. Die erste Phase (macro) betrifft den großen raumplanerischen Maßstab, sie sieht eine Analyse des Gebietes von L'Aquila und die Definition der Interventionsareale vor. Innerhalb dieser Areale wird eine Hierarchie der Polaritätsknoten entstehen; diese Phase betrifft sowohl den Städtebau (System der unterschiedlichen Netzwerke) wie auch die Auswahl der funktionalen Bereiche (Neubebauung) und die Quellen der erneuerbaren Energien (Netzwerke der Nachhaltigkeit) bis zur Verabschiedung eines Masterplans mit Schwerpunkt Energie und Infrastruktur. Die zweite Phase betrifft den kleineren Maßstab der Habitate. Die Theorie der SUM (minimale städtische Strukturen) wird zur Erweiterung der bestehenden Siedlungen genutzt. Dies geschieht in den Bereichen zwischen den Gemeinden wie auch durch das »intermédiaire« Habitat. Im Bereich des Micro-Maßstabs werden vor allem bioklimatische Strategien mit Schwerpunkt Gebäude und Gebäudehülle Anwendung finden. Die erarbeitete Methodologie wird auf zwei Modalitäten Bezug nehmen: »gemeinschaftlich versus individuell« und »low-tech« versus »high-tech«. Klare Kritik am unbegrenzten Entwicklungsmodell betrifft extradisziplinäre Implikationen wie öffentliche und private Modelle. Der Schlussreport wird aus Texten und Grafiken bestehen. Er wird in Form eines Handbuches präsentiert, das die erarbeiteten Richtlinien enthält. Geplant ist die Anwendbarkeit sowohl für pädagogische Ausbildungszwecke wie für die Praxis in Gebieten, die von einer Katastrophe betroffen wurden. Sinn dieser Arbeit ist der Nachweis, dass der Wiederaufbau in solchen schwierigen Fällen qualitativ und nachhaltig sein muss – nachhaltig in Fragen der Energie, der Gesellschaft und des präventiven Katastrophenschutzes.

Architektonische Charaktere der Revolution der Nachhaligkeit. Wie verändern sich Sprache und formales Repertoire in der Architektur?

Gegenstand dieser Arbeit ist die Untersuchung, wie sich das architektonische Vokabular aufgrund der neuen Sensibilität für Nachhaltigkeit verändert und wie technische Entscheidungen, inspiriert durch die »Ideologie der Effizienz«, ihren Ausdruck in der Gestalt der architektonischen Sprache finden.

Nach den Veränderungen, die durch die industrielle Revolution stattgefunden haben, befinden wir uns nun in einer Zeit, in der die Interaktion zwischen Technik und Architektur erhebliche typologische und morphologische Veränderungen hervorbringen wird. Die anstehenden Neuerungen im Hinblick auf die Nachhaltigkeit sind von besonderem Interesse, denn sie werden ihren unmittelbaren Ausdruck in der Architektur und im Städtebau finden. Dieser Prozess der Erneuerung bedarf einer Phase des Experimentierens, um permanente Kategorien nicht nur in der Architektursprache, sondern auch in den Instrumenten der Analyse und der Handlung zu finden. Die Frage ist, wie die progressive Verbindung zwischen Architektur und Technologie entsprechend einer nachhaltigen Entwicklung und Erneuerung der Städte und Landschaften stattfinden kann. Wie müssen Entwurf und Planung bzw. Architektur und Städtebau entsprechend der neuen Bedürfnisse verändert werden? Die besondere Situation, in der sich die Stadt und die Provinz von L'Aquila nach dem Erdbeben befinden, könnte eine bedeutungsvolle Gelegenheit sein, Techniken der Intervention für eine nachhaltige Erneuerung und Entwicklung der Städte zu studieren und anhand der Ergebnisse zu prüfen. Ziel ist, die Machbarkeit nachhaltiger »Integration« auch im historisch gewachsenen Kontext zu evaluieren, zwangsläufig mit besonderem Schwerpunkt im Bereich des Wohnungsbaus. Hier besteht heute noch dringender Handlungsbedarf, da ein Großteil der zerstörten Wohnungen immer noch nicht bewohnbar ist. Die Erfahrungen und Ergebnisse dieser Arbeit vor Ort könnten als Muster für die nachhaltige Entwicklung und Sanierung weiterer Städte und Regionen dienen. Die Herangehensweise soll über die folgenden drei autonomen Klassifikationssysteme Anwendung finden: nach Art der Intervention, nach Anwendungskategorien und nach architektonischen Lösungen. Die Zusammenführung der drei Systeme wird eine Serie von Matrizen hervorbringen, welche die Konsequenzen der neuen Umweltsensibilität für die Kultur des Bauens hervorheben sollen.

Aufbau der »Matrix A« Intervention

In der ersten Phase soll eine Methode zur Klassifizierung der Interventionsbereiche erarbeitet und dabei unterschiedliche, den Thematiken entsprechende Aktionsebenen hervorgehoben werden.

Erstes Ziel ist es, die Anwendbarkeit bestehender Techniken zu verifizieren, ein weiteres ambitionierteres Ziel ist die Entwicklung neuer Techniken. Die hierfür erarbeitete Methodologie soll einfach und klar sein:

- *Sonne:* Die Nutzung der Sonnenenergie bzw. die Technik zur Speicherung der Solarenergie findet mittels zweier unterschiedlicher Systeme statt: Solarpanele zur Erzeugung von Warmwasser und Solarzellen zur Erzeugung von Elektrizität. Das Verhältnis zur Sonne ist in der Architektur schon seit langer Zeit ein Gestaltungsthema, welches einen wichtigen Beitrag zur Kultur des Entwerfens geleistet hat: Beispiele hierfür sind die »brise soleil«, Systeme zur Lichtfilterung sowie Materialien, angewendet entsprechend ihrer wärmespeichernden Eigenschaften.

- *Orientierung:* Die Grundrissorganisation entsprechend der Orientierung war ein wesentlicher Aspekt der Morphogenese der Architekturtypen. Zur Verringerung des Energiekonsums kann die Grundrissorganisation entscheidend beitragen. Faktoren wie natürliche Belichtung, natürliche Lüftung, Besonnung und Verschattung spielen zusammen mit der nutzungsbedingten Variation der Raumtemperaturen eine wesentliche Rolle.

- *Lüftung:* Durch eine konsequente Planung, die die natürliche Lüftung berücksichtigt, werden technologisch aufwändige Systeme zur Gebäudeklimatisierung verzichtbar.

- *Belichtung:* Wie die natürliche Lüftung ist auch die natürliche Belichtung ein entscheidender Faktor für eine nachhaltige Planung. Raumgröße, Proportion und Lichtverhältnisse tragen zum Komfort für Auge und Psyche entscheidend bei, gleichzeitig können dabei Potenziale zur Energieeinsparung ausgeschöpft werden.

- *Dämmung:* Die K-Werte bzw. die Dämmeigenschaften der Baumaterialien sind zu wichtigen Indikatoren bei der Auswahl von Materialien im Baubetrieb geworden. Die Nutzung industrieller Dämmstoffe wird künftig ein großes Problem bei der Entsorgung darstellen (man geht z.B. für Styropor von einem Lebenszyklus von maximal 30 Jahren aus); größere Mengen Sondermüll werden dabei gezwungenermaßen anfallen. Unter diesem Aspekt ist die Nutzung traditioneller Materialien mit hoher thermischer Speicherkapazität vorteilhafter.

- *Energetische Autarkie:* Ziel jeder Sanierung (vom Gebäude bis zur Stadt) sollte die energetische Autarkie sein. Um dieses Ziel zu erreichen, müssen unterschiedliche Parameter berücksichtigt werden, die in Wechselbeziehung zum architektonischen und städtischen Entwurf stehen. Dabei müssen Ressourcen bei der Planung in Form von Netzwerken ins System integriert werden.

- *Materialrecycling:* Die Nutzungen der vor Ort zur Verfügung stehenden Materialien oder von recycelbaren Materialien sind nicht mehr aufschiebbare Entscheidungsprozesse im nachhaltigen Entwurf.

Aufbau der Matrix B Anwendungskategorien

Die Herangehensweise des Entwurfs begünstigt interdisziplinäre nachhaltige Modelle mit klarer Kritik an einer Entwicklung, bei der eine grenzenlose Ausbeutung der Ressourcen angenommen wird: *individuell versus gemeinschaftlich/high tech versus low tech*. Dabei finden Kriterien Anwendung, die nicht homogen und eher allgemeingültig erscheinen könnten, sich aber bei einer genaueren Analyse der Ergebnisse als pragmatisch und nutzungsorientiert herausstellen.

a) Soziale Strategien

- *Nachbarschaft*: Soziale Nachbarschafts-Strategien gehen von einer starken Community aus. Es handelt sich dabei um all die Faktoren, die das gemeinschaftliche Zusammenleben betonen und zur nachhaltigen Funktionalität beitragen.
- *Nähe*: Die physische Nähe im Gegensatz zum »Sprawl« ist ein Faktor, der den Verbrauch von Land, Zeit und Transportkosten reduziert und zur Bildung einer funktionierenden Community beiträgt.
- *Lokale Ökonomie*: Die Entwicklung und Förderung von Ökonomien und Kleingewerbe auf lokaler Ebene – im Gegensatz zum Ausbau einer dezentralisierten Versorgung in großen Einkaufszentren – trägt zur Bildung der Community bzw. des lokalen sozialen Netzwerks bei und schont gleichzeitig die Ressourcen.,

b) Technologische Strategien

Unter Berücksichtigung des seismischen Risikos bergen alle technologischen Lösungen, angefangen bei der Standortfestlegung der Energiezentralen bis hin zur Installation von Systemen zur Produktion und Speicherung für die einzelne Haushalte, erhöhte Gefahren. Ziel ist es, die Funktionalität der Energieversorgungssysteme auch nach einem Erdbeben zu garantieren; dabei sollten lokale Low-tech-Strategien, die an die jeweiligen typologischen und morphologischen Gegebenheiten angepasst sind, bevorzugt werden, um einen Zusammenbruch des gesamten Systems (wie er in L'Aquila geschehen ist) zu verhindern.

c) Typologische Strategien

Wenn der architektonische Typus als für den Kontext geeignetes Modell verstanden wird – das Ergebnis einer Evolution im übertragenen darwinistischen Sinne, bedingt durch ökonomische, soziale, technologische und klimatische Faktoren –, müssen die Merkmale des Typus im nachhaltigen Entwurf auch Berücksichtigung finden. Denn alle prägenden, von der Umwelt bedingten Faktoren sind im Typus bereits als »Low-tech«-Lösung enthalten.

d) Morphologische Strategien

Die Frage der Nachhaltigkeit kann nicht nur auf der Ebene der Architektur oder des einzelnen Entwurfes eine angemessene Lösung finden, sondern bedarf einer systemischen Herangehensweise, bei der die Raumplanung mit einbezogen werden muss. Wenn beispielsweise Einfamilienhäuser gedämmt werden, um die Emissionen zu reduzieren, jedoch jene Emissionen, die – bedingt durch das »Sprawl«-Siedlungsmodell – für die individuelle Mobilität entstehen, nicht einbezogen werden, wird die Notwendigkeit der systemischen Herangehensweise deutlich. Um ein nachhaltiges Modell zu entwickeln, müssen die Infrastruktur, die Versorgung, die Siedlungen, die »smart grids« und die Architektur zugleich Berücksichtigung finden.

c) Architektonische Lösungen

Architektonische Lösungen müssen entsprechend der zuvor beschriebenen Kriterien formuliert werden. Dies erfolgt unter Berücksichtigung unterschiedlicher Aspekte wie dem Verhältnis zwischen öffentlichen und privaten Räumen, zwischen Innen und Außen, zwischen unterschiedlichen Ebenen und unterschiedlichen Funktionen (Addition neuer Elemente und Flexibilität).

Öffentliche und private Räume

Es gibt eine Schwelle zwischen öffentlichen und privaten Räumen; die Durchlässigkeit steht im Verhältnis zur Art der Führung des Schwellenparcours[1]. Das Thema der Durchlässigkeit ist mit dem Thema der Nachhaltigkeit verbunden, denn es ermöglicht mehrere Interpretationen der schwellenerzeugenden Elemente. Archetypen interagieren mit den Kategorien der Interventionen und den Handlungsstrategien und bauen eine variable Matrix auf.

Eine Organisation der architektonischen Interventionen innerhalb der Kategorien öffentlich/privat kann entsprechend der folgenden Gliederung erfolgen:

- *Straßen:* Im Vergleich zu Plätzen bieten Straßen, bedingt durch die geringere Aufenthaltsqualität, einen niedrigen Grad an sozialer Nachhaltigkeit. Interessant ist, dass die Chancen für eine sensible nachhaltige Verbesserung von Plätzen gering, die Handlungsspielräume für Straßen hingegen groß sind. Wenn wir uns von der Art der Nutzung, die zur Zeit auf den Straßen zu finden ist, verabschieden (Verbindungselement und Parkplatz für PKWs) und durch eine erste Intervention den privaten Verkehr unterbinden, werden die Chancen einer nachhaltigen Entwicklung erhöht – sowohl sozial- wie auch umweltgerecht. Wenn die Art der Nutzung der Straße mit der Art der Nutzung der Plätze korrespondiert, ist eine erste wichtige nachhaltige Intervention vollzogen.
- *Stadtpark/Garten:* Es gibt viele Interventionsmöglichkeiten im Bereich der Stadtparks. Bei einigen wird der naturalistische Aspekt hervorgehoben, bei anderen ist eine Integration verschiedener Elemente zu finden, vom Garten bis zur Stadt. Energetisch und funktional sind hier mehrere Möglichkeiten gegeben, vom urbanen Energiegarten (städtischer Klimafaktor) bis zum Aufenthaltsort in der »Natur« unter Berücksichtigung sozialer und umweltklimatischer Faktoren.
- *Gemüse- und Obstgärten:* Die Funktion der privaten Gemüse- und Obstgärten ist primär sozialer Natur. Je nach Verbindungsgrad mit dem Wohnbereich können auch klimatische und energetische Faktoren eine Funktion haben, z.B. wenn die Gärten unmittelbar an die Wohnräume grenzen. Die Tradition der Schrebergärten ist in Italien kaum vertreten, allerdings findet man oft auch innerstädtische Mehr- und Einfamilienhäuser mit Garten.

Innen/Außen

Bei genauerer Betrachtung des Handlungsspielraums bei architektonischen Interventionen muss der Fokus auf die Archetypen gerichtet werden. Während die Schwelle zwischen öffentlich und privat die Durchlässigkeit der Architektur definiert, ist die Schwelle zwischen innen und außen eine räumliche und klimatische Grenze. Die Möglichkeiten der Ausformung dieser Grenze sind vielfältig, von filigran bis massiv, von blickdicht bis transparent, luftdicht oder luftdurchlässig. Die Vielfalt der Gestaltungsoptionen zur Ausbildung der Grenze zwischen innen und außen führt zu einer städtebaulichen Herangehensweise[2]. In der Stadt ist das Gebäude der Körper, die Straßen und Plätze sind der vom Körper definierte Raum. Zur Domestizierung des Außenraumes muss die Intimität eines Innenraumes nach außen getragen werden, gleichermaßen ist ein Innenraum nicht intim, wenn die Merkmale des Außenraums nach innen transportiert werden. Die Mittel zur Definition dieser Merkmale sind vielfältig: Proportion, Licht, Materialien und Ebenen können Außen in Innen und Innen in Außen »transformieren«. Die Ausbildung der Grenze ist dabei sehr wichtig. Im Prinzip ist Nachhaltigkeit unmittelbar mit Intimität verbunden: Je mehr Intimität im Stadtraum zu finden ist, desto nachhaltiger wird die Stadt sein. Die Elemente, die zur Definition dieser Kategorie beitragen, werden im Folgenden kurz beschrieben:

Patio/Hof: Die Interventionen, die mit dem Außenraum verbunden sind, nehmen soziale und energetische Variationen aus folgenden Gründen vor:

I) Addition eines Schutzelements (Gewächshaus, Laube, Wintergarten): Die Einfügung von Lauben, Gewächshäusern und Wintergärten kann zur energetischen Ertüchtigung eines Gebäudes dienen. Inzwischen sind diese Elemente mit energetischer Funktion Teil des architektonischen Vokabulars im Norden Europas geworden.

II) Subtraktion eines Innenraumes zur Variation des Mikroklimas (Patio oder Hof): Zur Verbesserung des Gebäudeklimas kann die bebaute Masse an der Grenze zwischen Innen und Außen duch Subtraktion sensibel verändert werden. Dabei werden sowohl die klimatische wie auch die soziale Nachhaltigkeit berücksichtigt.

III) Typologische Variationen: Die o. g. Interventionen (Addition und Subtraktion) ermöglichen eine Variation der Typen. Der durch Addition und Subtraktion entstandene Typus ist nachhaltig (energetisch und sozial) und archetypisch (Tradition der Hofhäuser) zugleich. Die neu entstandene Kategorie ist die typologische Nachhaltigkeit.

- *Dächer und Terrassen:* Die horizontalen Außenflächen eines Gebäudes können energetisch interessant werden. Der Einbau von Photovoltaik-Systemen und solaren Panelen auf den Dächern könnte durch weitere Interventionen ergänzt werden. Der Ausbau der Dächer und die Einfügung oder Ergänzung der Terassen können zur sozialen und energetischen Nachhaltigkeit entscheidend beitragen.

Ebenen und Funktionen / Flexibilität

Die Kategorien öffentlich/privat und innen/außen sind durch archetypische architektonische Elemente definiert, die nachträglich nachhaltig neu interpretiert werden können. Die Flexibilität von Ebenen und Funktionen fügt im architektonischen Archetyp neue Elemente ein. Welche Interventionen können die Nachhaltigkeit der Städte erweitern? Neue Ebenen und Funktionen verändern den vorhandenen Kontext. Die Definition dieser neuen Elemente der Nachhaltigkeit und die Einbindung im Bestand sind von den Gegebenheiten des Umfelds abhängig. Die Analyse der klimatischen, geologischen und weiterer ortsspezifischer Faktoren weist eine spezifische und einmalige Intervention aus, die nur in der Herangehensweise generalisiert und nur anhand der überprüften Ergebnisse bewertet werden kann. Die Flexibilität dieser Elemente soll eine dauerhafte Nutzung jenseits der energetischen Funktion ermöglichen.

R. Venturi, *Complessità e contraddizione nell'architettura*, Bari 1980.

Orig. *Complexity and contradiction in architecture*, New York 1966.

H. Hertzberger, *Lezioni di architettura*, Milano 1995.

Orig. *Lessons for Students*, 010 Publishers Rotterdam

F. Druot, A. Lacaton, J-P. Vassal, *Plus*, Barcelona 2007.

G. Curcio, M. Manieri Elia, *Storia e uso dei modelli architettonici*, Bari 1982.

A. Rossi, *Scritti scelti sull'architettura e la città 1956 –1972*, Milano 1989.

B. Tschumi, *Event-cities*, London 1994.

---

1   H. Hertzberger, *Lezioni di architettura*, Laterza, Milano 1995, ed. originale *Lessons for Students*, 010 Publishers Rotterdam

2   Cfr. R. Venturi, *Interno-esterno*, in R. Venturi, *Complessità e contraddizione nell'architettura*, ed. Dedalo, Bari 1980, p. 103, ed. originale, *Complexity and contradiction in architecture*, The Museum of Modern Art, New York 1966

Wege zur Forschung und ihr Verhältnis zur Didaktik

Das Laboratorium LACA im Fachbereich CAVEA der Universität »Sapienza« in Rom forscht seit langem in vielen Bereichen. Die intensive wissenschaftliche Aktivität erbringt wichtige Resultate für andere wissenschaftliche Institute in Italien und im Ausland und für die Didaktik.

Einer der wichtigsten Inhalte dieser Aktivitäten ist das Thema der Nachhaltigkeit in ihren unterschiedlichen theoretischen und praktischen Aspekten. Zur Zeit arbeite ich an einer Veröffentlichung mit dem Titel »Architektur Bauen«, die die Bedeutung des Architekturentwurfs und der Entwurfsphasen zusammenfasst. Beim Entwurf geht es um das Verhältnis zwischen Architektur und Natur im städtischen und landschaftlichen Maßstab. Hierbei werden drei Aspekte des architektonischen Bauens bevorzugt betrachtet: der komplexe Entwurf, das nachhaltige Projekt und das integrierte Projekt. Diese drei wesentlichen Teile des Entwicklungsprozesses tragen durch ihre Interaktion dazu bei, einen Raum zu konfigurieren, um ihn physisch erlebbar zu machen und eine Antwort auf die Frage nach immer mehr Qualität zu finden. Im Text wird zusammenfassend eine Reihe von theoretischen und praktischen Entscheidungswegen zu einer Methodologie des Entwerfens aufgezeigt. Diese dient dem Entwurf komplexer und nachhaltiger Räume, sowohl im großen städtebaulichen wie auch im kleineren architektonischen Maßstab. Es wurde oft gesagt, dass der architektonische Entwurf komplex sei, weil hierbei unterschiedliche Disziplinen und Akteure zusammenkommen, die vom Entwurfsleiter koordiniert werden müssen. Die Koordination allein garantiert jedoch nicht die Qualität eines Projektes, auch wenn durch sie eine korrekte Ausführung erreicht werden kann. Es ist notwendig, den Begriff der Komplexität zu verstehen, um die Verbindung zwischen Qualität und Komplexität sowie deren spezifische Merkmale nachvollziehen zu können. In der Relation der Begriffe Komplexität und Qualität können theoretische Verbindungen zu den Gedanken des Strukturalismus und des Organizismus gefunden werden. Diese Zusammenhänge betreffen oft die Architektur, mit wichtigen Rückwirkungen auf die Charakteristiken und Inhalte des nachhaltigen Projekts.

Die Verknupfungen beziehen sich auf folgende Aspekte:
- die doppelte Referenz des kreativen und wissenschaftlichen Denkens;
- die Organisation nach Systemen, sowohl für die Kenntnis der physischen und organisatorischen Strukturen des Realen, wie auch für die Konstruktion eines neuen Realen, in dem Systeme eine Veränderung erfahren, um neue Formen und komplexe Räume zu konstruieren;
- die Unvorhersehbarkeit, bedingt durch die Veränderung des fragilen Gleichgewichts;
- der Bedarf, diese Systeme unter Berücksichtigung von Veränderungen und Innovationen zu verwalten.

Die Komplexität muss sich auf die kreative Dimension der Umwelt-Entwürfe stützen. Dies geschieht unter Berücksichtigung der vielfältigen Wechselbeziehungen zu den Ideen der Struktur und des Organizismus. Anderseits sind die Kontemplation der Natur, entsprechend dem Gedanken der Romantik, die rekonstruierte Natur als Nutzbringer und die Natur als Inspirationsquelle für neue Raumkonfigurationen Aspekte des Verhältnisses zwischen Mensch, Architektur und Natur, die entsprechend der Strategie der Nachhaltigkeit neu geordnet werden müssen. Die Nachhaltigkeit übernimmt immer mehr die Funktion der Synthese bei gleichzeitiger Definition neuer Wechselbeziehungen in diesem Verhältnis – ein Verhältnis, das neu interpretiert werden muss, auch aufgrund der Rolle des Menschen als dominante Spezies, die anderseits von Naturphänomenen außerhalb seiner Kontrolle in einem Umweltkontext der ständigen Veränderung und der starken Kontraste agiert. In dem Projekt muss diese Spannung bei der Neuordnung der Natur innerhalb der unterschiedlichen Maßstäbe der Bebauung (der landschaftlichen und der kleineren Maßstäbe) in einer nachhaltigen Dimension dargestellt werden. Bei der nachhaltigen Planung wird die Natur in den Vordergrund gestellt, weil sie die wichtigste Ressource für erneuerbare Energien ist, und somit ergibt sich eine weitere Begründung für die Verbindung zwischen natürlicher Umwelt und Bebautem. So wird eine weitere organische Dimension entdeckt, in der die Komplexität die Darstellung der unstabilen Gleichgewichte zwischen Systemen ist, die durch den Vergleich eine Änderung erfahren. Ein weiterer Aspekt, der im Text analysiert wurde, betrifft die Verwaltung der komplexen nachhaltigen Projekte sowohl im städtebaulichen wie auch im architektonischen Maßstab. Die Frage der Verwaltung zielt insbesondere auf zwei Punkte: die Projektorganisation von der Ideenfindung bis zur Realisierung und die Fähigkeit, die Spezialisierungen schon in der Konzeptphase zu integrieren. Die Verwaltung des komplexen Projekts braucht leistungsfähige Strukturen und Personal, das eine besondere Schulung, passend zu diesen Aufgaben, absolviert hat. Der wissenschaftlichen Forschungsarbeit innerhalb des LACA-Labors entspricht ein bestimmter Lehrbereich im Rahmen des internationalen Masters (als post graduates Programm) »Verwaltung komplexer Projekte in der Architektur«, das von mir geleitet wird. In diesem Masterprogramm werden die Verwaltungsstrukturen wichtiger nachhaltiger europäischer und italienischer Projekte analysiert.

Im Jahr 2008 habe ich meinen Beitrag »Das bioklimatische Gebäude« im »Neuen Handbuch europäischer Bioarchitektur« veröffentlicht. Kurator des Handbuches ist Ugo Sasso[1]. Auch in diesem Beitrag wird das bioklimatische Gebäude als Ergebnis eines komplexen Entwurfs definiert. Zur Auseinandersetzung mit dem Thema werden hier die Methodologien und Parameter gesetzt. Das bioklimatische Gebäude wird durch die Kontinuität und die Relation zwischen Innen und Außen charakterisiert. Innen und Außen sind voneinander abhängig. Die Parameter, die zu den räumlichen Lösungen und zur Anwendung bestimmter Techniken und Technologien führen, hängen von den Daten des Kontextes ab, deren Erhebung im Vorfeld erfolgen sollte und die Folgendes betreffen:

- die klimatischen Bedingungen (Winde, thermische Jahres- und Tagesschwankung),
- die Sonneneinstrahlung (Inzidenz, Winkel und Zeit) in der Winter- und Sommerperiode,
- Niederschlag (Häufigkeit, Stärke und Dauer),
- die Bepflanzungen und die Höhen,
- die Lage weiterer Bauten und die daraus folgende Beschattung, zeitlich und räumlich,
- die Beschaffenheit des Baugrundes,
- Höhe und Lage des Wasserspiegels, falls vorhanden.

Diese Aspekte dürfen nicht als einfache technische Daten verstanden werden, sondern als Impuls für die räumliche Organisation und für die Gliederung der Baukörper sowie die Gestaltung der Transparenzen des Gebäudes. Es ist klar, dass diese Daten nach Ort und Lage variieren und dass die Antworten darauf mit der Sensibilität des Entwerfenden zu tun haben.

Als Basisdaten können die Techniken des landschaftlichen Entwerfens mit Folgendem zu tun haben:
- Studie der Farbvariationen der unterschiedlichen Vegetationsarten in den Jahreszeiten,
- Studie der Formen und der Modalitäten der Landbewirtschaftung,
- Studie der Intensität und des Charakters von Tageslicht im 24-Stunden-Rythmus und der Art von Beschattung.

Unter den Parametern, die den Kontext charakterisieren, müssen Winde und Temperaturschwankungen besonders berücksichtigt werden. Die Winde sollten dazu dienen, die Luftzirkulation im Gebäude zu unterstützen – mittels der dafür vorgesehenen Leitungen, die auch Temperaturschwankungen im und um das bzw. die Gebäude herum berücksichtigen. Die kombinierte Nutzung der Winde und der unterschiedlichen Bedingungen, die durch die Temperaturschwankungen entstehen, sind der Grundfaktor – wenn auch nicht der einzige –, der zur passiven sommerlichen Erfrischung und winterlichen Beheizung dienen kann. Um die Winde und Temperaturschwankungen nutzen zu können, sind folgende Parameter wichtig:
- die Gliederung der Baukorper und die innere räumliche Organisation. Ein wichtiger Charakter des zeitgenössischen bioklimatischen Hauses ist die Freiheit in der Gliederung der Volumen, wodurch die Unterschiede zu den Erfahrungen der Moderne der 20er- und 30er-Jahre des vorigen Jahrhunderts gut sichtbar werden;
- die räumliche Gliederung der Hülle, die auf organische Art und Weise die unterschiedlichen Systeme aufnehmen kann (Lüftungsschächte, Zuluftstellen, Sheds, belüftete Dächer und Wände), baulicher Sonnenschutz (brisc soleil, besondere Verglasungen), Photovoltaik-Anlagen;

- die räumliche Neuordnung des natürlichen Kontextes, mit dem das Gebäude in Beziehung tritt. Das System der Bäume und der Höhen, die Beschaffenheit des Grundes sowie Wasservorkommen sollten gemeinsam mit dem Haus betrachtet werden. Diese Faktoren könnten dazu dienen, die Nutzung des Windes oder einen Schutz vor dem Wind zu planen oder Form und Lage der Wasserflächen zu entwerfen, um die Luft zu kühlen, bevor sie ins Gebäude eintritt;
- die Lage weiterer Bauten und Häuser mit den jeweiligen Schatten, deren Veränderbarkeit in der Zeit und die besonderen Aussichten sind Faktoren, die im System der Öffnungen in der Hülle weitere räumliche Verknüpfungen hervorbringen können.

Das wichtigste Entwurfsprinzip für die Definition der inneren Organisation des bioklimatischen Gebäudes besagt, dass räumliche Zusammenhänge ein Ergebnis der formalen Entscheidungen und der Sensibilität des Entwerfenden sind.

Das Prinzip des räumlichen Kontinuums ermöglicht es, die unterschiedlichen Komponenten und Materialien zu integrieren und in einem räumlich und organisch verbundenen Entwicklungsprozess zu verwirklichen.

Die Räume im Innern sind üblicherweise folgendermaßen gegliedert:
- doppelte Raumhöhen,
- weitere Geschosshöhen mit Öffnungen,
- Höhenwege.

Dies sind die wichtigsten der im Inneren angewendeten Gliederungen, die – entsprechend strukturiert mit Oberlichtöffnungen – die Wege der Luft und des Lichts ermöglichen.

Durch das System der Volumen und der Hülle kann eine Reihe von Apparaten und Komponenten genutzt werden, die zur Verwendung von erneuerbaren Energien wie Wind, Sonne, Wasser und Erde dienen.

Die wichtigsten Komponenten, die für den Entwurf des bioklimatischen Hauses eingesetzt werden können, sind:
- Kamine zur Führung der Winde nach innen wie nach außen,
- bioklimatische Gewächshäuser,
- hinterlüftete Fassaden und Dächer,
- gebogene, geneigte, horizontale und vertikale Verglasungen mit oder ohne brise soleil,
- Sheds,
- Wasserwege,
- photovoltaische Anlagen, Solarpanele, Windanlagen, etc.,
- Grünanlagen.

Jeder dieser Apparate hat eigene Spezifikationen und gestalterische Eigenschaften, die im Entwurf integriert oder hervorgehoben werden müssen. Im Jahr 2004 wurde »Architekturen und Landschaften der telematischen Stadt« veröffentlicht[2].

Das Ziel war, Entwurfsmaterialien für den Bau einer nachhaltigen Landschaft zu definieren. Es wurden insbesondere die Themen der Netzwerke analysiert, die eine Landschaft und ein Territorium definieren. Die Vegetation, die Flüsse, die Seen, die Ufer, die Berge, die Wüsten, die Ebenen, die Wolken, der Himmel, die Überlagerung der geologischen Schichten waren die Standortbedingungen, die bereits zu Beginn in den Entwurfsprozess einfließen sollten. Dazu zählten lineare, gebrochene Phänomene, das Chaos der Knotenbildungen und der Verknüpfungen und die Dimensionen von Bewegung und Dynamik. Die Formen der Natur und ihre Farben verändern sich im Laufe des Tages und der Jahreszeiten kontinuierlich; eine Veränderung ohne Wiederholungen, die von Wind, Wasser und den sich ändernden Temperaturen beeinflusst wird. Auf die Natur wirkt der Mensch ein mit Besiedelungen, der Bewirtschaftung von Feldern, dem Bau von Straßen und der Modellierung von Hängen und Flüssen. Die Natur bedingt den formalen Charakter dieser Zeichen und wird davon wieder beeinflusst, das Ensemble zeugt von einem sich wandelnden und unbeständigen Gleichgewicht. Die Netze sind die neuen ablesbaren Zeichen in unserer zeitgenössischen Landschaft, erkennbar durch Überlappung oder Integration. Es gibt die Netze der hohen und mittleren Geschwindigkeiten und solche für die Langsamkeit. Es gibt neue und alte Pole für die Mobilität und die Dienstleistung. Die Gesamtheit der Netze und Pole prägt das Territorium. Sie teilt die Landschaft auf und führt zur Planung der Formen im großen Maßstab sowie der Verbindungen mit den kleineren und mittleren. Es gibt die energetischen Netze und die neuen Zentralen der erneuerbaren Energien, die Netze der Telekommunikation, die Netze der Zeichen der Geschichte, aber auch die dramatischen Zeichen des Verbrauchs von Gelände. Die Netze sind ein Planungsmaterial, das sich gut mit dem nachhaltigen Entwurf verträgt. Für eine erste Überprüfung dieser Potentialitäten wurde als Studienfall der See von Bolsena im nördlichen Latium ausgesucht. Unter der Koordination von Roberto Cherubini wurden besondere Bereiche als potentielle Quelle für erneuerbare Energien ausgesucht: der Standort der Kläranlage für die Seegemeinden, der Standort des Steinbruchs, die Küste und weitere. Eine Gesamtheit von Orten, die Cherubini als »genetisch verändert« definiert, wird zu Polen im Netz des Gebietes mit dem See als Zentrum. Die komplexe Planung (wie bereits zuvor umfassend beschrieben), die Organisation entsprechend den Systemen, das Territorium als Quelle erneuerbarer Energien, die Verknüpfung von Architektur und Grünbereichen, das System der Netze, die Verbindungen und die Trennungen dieser Systeme, die dynamische Organisation des Systems im großen bis kleinen Maßstab sowie die experimentelle Arbeit mit innovativen Materialien und Komponenten sind die greifbaren und sichtbaren Aspekte und Inhalte einer Methodologie der Interventionen für nachhaltige Planung. Die Verifizierung und Machbarkeit dieser Methodologie und ihrer Inhalte sind in der Didaktik und in der wissenschaftlichen Forschungstätigkeit der letzten Jahre zu finden. Für die Lehre möchte ich auf die Arbeiten des Laboratoriums des 10. Semesters des Fachbereiches Architektur hinweisen – eines Studiengangs an der Architekturfakultät mit mir als Dekan, europaweit anerkannt und in der Lage, Architekten auszubilden, die ganzheitlich entwerfen. Einer der wichtigsten Inhalte ist es, Strategien zur

Entwicklung eines nachhaltigen Projekts bereits in den ersten Studienjahren zu vermitteln. Das Laboratorium ist zweisemestrig angelegt. Das Projekt betrifft einen Stadtbereich von Rom, der im Osten des Generalplans für die Erweiterung von 1931 gelegen ist. Das Gebiet umfasst ein Areal von ca. 30.000 qm und liegt zwischen dem neuen Bahnhof Tiburtina und den Mauern des Monumentalfriedhofes des Verano. Die vorgesehene Nutzung für diesen Stadtbereich ist ein Park mit einigen bebauten Bereichen für Dienstleistungen und studentische Wohnheime mit ca. 30.000 Kubikmeter BRI. Im Projekt werden die unterschiedlichen Maßstäbe analysiert, beginnend vom Maßstab 1:5.000 bis zur Vertiefung wichtiger Bereiche im Detail. Ziel ist, die Grünflächen und die bebauten Flächen zu verknüpfen. Die Methodologie sieht ein Konzept vor, das aus einer formalen Intuition hervorgeht und das in den weiteren Entwurfsphasen die Elemente, aus denen der Entwurf besteht, vertieft – wie das System der Infrastruktur, das System der begrünten Freiflächen, das System des Wassers, das System der Bebauung. Die Maschen des Projekts binden die Grünbereiche und die Gebäude der bestehenden Stadt ein. Das Projekt definiert die Strategien der Nachhaltigkeit in den unterschiedlichen Maßstäben mit der Analyse der klimatischen Daten und Randbedingungen, mit der Berechnung der Ökobilanz des Parks und der einzelnen Gebäude, mit der Auswahl der zu entwerfenden Apparate und Komponenten für das ganzheitliche Entwerfen. Charakterisiert wird das Gebäude als Bestandteil der Grünbereiche und durch die einzelnen Systeme, die es definieren: das System der Hülle, das System der inneren und äußeren Durchwegungen, das System der technischen Infrastruktur und der bioklimatischen Apparate. Es handelt sich hierbei um die Suche nach den bioklimatischen Strategien und den innovativen Materialien. Die gleiche Methodologie findet auch bei den Diplomarbeiten Anwendung. Mehrere Forschungen wurden innerhalb des LACA-Laboratoriums durchgeführt, um die Strategien einer nachhaltigen Planung zu fokussieren, zu verifizieren und in den unterschiedlichen Maßstäben wie zuvor synthetisch zu beschreiben. »Un territoire et un habitat de qualité à consomation zéro dans les zones à risque sismique« ist eine der Forschungen, die von unserem Fachgebiet innerhalb des LACA-Laboratoriums durchgeführt wurden. Diese Forschungsarbeit wurde von den französischen Ministerien de la Culture e de la Communication e de l'Ecologie, de L'Energie, du Développement durable et de l'Aménagement du territoire für die Arbeit im Rahmen einer internationalen Auslobung ausgesucht und gefördert. Die Forschungsarbeit wird im Beitrag von Frau Nicoletta Trasi erläutert, die für die wissenschaftliche Koordination zuständig ist. Zum Schluss ein Vorschlag für die Durchführung einer wissenschaftlichen Kooperation zwischen dem Laboratorium LACA des Fachgebietes Architektur und Entwurf im Fachbereich Architektur der Universität La Sapienza in Rom und dem Fachgebiet Entwerfen und Wohnungsbau des Fachbereiches Architektur der TU Darmstadt über folgendes Forschungsthema: »Die typologisch-energetische Sanierung zerstörter urbaner Strukturen«. Es könnten hierfür Studienfälle in Deutschland und Italien ausgesucht werden. In Italien wäre hierfür das Gebiet von L'Aquila von Interesse, auch weil hier die o. g. Forschung für die französischen Ministerien bereits erste wichtige Ergebnisse erbracht hat.

1   U. Sasso *Il Nuovo Manuale Europeo di Bioarchitettura, paradigmi, città-territorio, parametri ambientali, energie alternative, edificio bioclimatico, dettagli costruttivi, materiali ecologici, valutazione e certificazioni ambientali, configurazione* Roma 2007.

2   M. Pazzaglini, Architettura e paesaggi della città telematica, Roma 2004.

Housing im Einklang mit Stadt und Umwelt

Die Architektur des Wohnungsbaus ist zur Zeit von Einflüssen unterschiedlichster Natur geprägt. Die Revision der Idee des Quartiers als Besiedlungsstruktur hebt eine neue städtebauliche Maßstäblichkeit hervor und unterstützt ein neues soziales Gefüge; nicht mehr lebendige Teile und Bereiche der konsolidierten Stadt werden aufgewertet und wiedergewonnen; neue Technologien werden genutzt, um die Baustellen besser zu organisieren; es wird Nachhaltigkeit in all den hierfür notwendigen Facetten angestrebt; der Begriff des Wohnraums wird dynamisch interpretiert, um den Fragen der Mobilität und der Gesellschaft bzw. der neuen sozialen Strukturen auf den Grund zu gehen; neben dem Wohnen werden neue Funktionen im privaten Raum angesiedelt.

Von besonderem Interesse für Experiment und Forschung sind im sozialen Wohnungsbau folgende Themenschwerpunkte:
- das Thema der sozialen Integration im städtischen Gefüge, weil die Qualität des Habitats an ihrer Anpassungsfähigkeit an die Stadt der Zukunft gemessen wird;
- das Thema der Multikulturalität, des multiethnischen Zusammenlebens und der »Multiökonomie«, welche mit Architektur durch die Interpretation der Lebensräume im urbanen Gefüge zu realisieren ist;
- das Thema der Variabilität und Flexibilität des Wohnungsbaus, um die Bedürfnisse nach sehr differenzierten neuen und flexiblen Nutzungsformen zu erfüllen;
- das Thema der Suche nach immer wirtschaftlicheren Bauprozessen bei gleichzeitiger Ökokompatibilität und Nachhaltigkeit der zu realisierenden Gebäude;
- das Thema der Vermeidung von fortschreitender Versiegelung, um das Wachstum der Städte zu begrenzen. Die gleichzeitige Aufwertung innerstädtischer nicht mehr funktionsfähiger Bereiche vermeidet somit auch weitere Gebiete sozialer Ausgrenzung.

Die Debatte zum Thema Wohnungsbau wird von einer intensiven wissenschaftlichen und experimentellen Arbeit gestützt. In einigen Fällen wurden durchaus originelle und futuristische Szenarien für Wohnstrukturen entwickelt, und dies von Architekten und Planungsbüros, die seit geraumer Zeit an der Beziehung zwischen Habitat und Gesellschaft zur Definition neuer Siedlungsformen arbeiten, mit dem Ziel eines ausgeglichenen Verhältnisses zwischen Siedlung und Territorium.

Die Planungsansätze und Anschauungen zum Wohnungsbau ändern sich fortwährend. So wie die Stadt nicht mehr als statischer Organismus verstanden werden kann, erfahren auch die Architekturen des Wohnens eine ständige Veränderung, um den unterschiedlichen und variierenden Anforderungen der Nutzer zu entsprechen. Die alten Modelle der ersten Dekaden des letzten Jahrhunderts sind nicht mehr für das Wohnen geeignet. Es ist inzwischen allgemein anerkannt, dass die mangelnde Qualität der Architektur der Expansionsareale mit der mechanischen Wiederholung von Typologien und Housing-Modellen zu begründen ist, denn diese sind nur quantitativ und nicht qualitativ und räumlich geplant. Diese Tatsache hat dazu beigetragen, dass zwischen Häusern und Stadtraum keine Kontinuität mehr zu finden ist. Undefiniert sind insbesondere Freiflächen, die eher als übriggebliebene Restflächen nach der Bebauung entstehen und nicht als Raum geplant werden. Dadurch bleibt die Nutzungsqualität dieser Flächen sehr gering.

Ein interessantes Studienfeld zum Thema Housing ist die Vereinbarkeit von Wohnen, Arbeiten und Freizeit, die in Verbindung mit der Natur auch eine räumliche Integration ermöglicht. Die Dichotomie zwischen Natur und Artefakt, zwischen Haus und Erde wird aufgelöst und es entsteht eine komplexe Landschaft, in der Organisches und Mechanisches, Vegetabiles und Mineralisches interagieren und zu einem Ambiente verschmelzen.

In diesem Grenzbereich überschneiden sich nicht nur mehrere Funktionen, sondern er bildet auch einen Ort unterschiedlicher Dynamiken, die der Undefiniertheit zeitgenössischen Städte als Basis dienen. Dies ist ein Organismus, der sich in stetiger Veränderung, Anpassung und Transformation befindet, eingespannt zwischen gegensätzlichen Tendenzen: die Streuung aufgrund des wachsenden Informationsnetzes, die Konzentration wegen der notwendigen Ökobilanzen.

Bei Berücksichtigung der Wohnraumnachfrage, die hier in Europa mit unterschiedlichen Gewichtungen aufgrund der unterschiedlichen Kontexte immer größer wird, entsteht die Notwendigkeit einer neuen Sozialwohnungsbaupolitik und somit der Rückgewinnung der originären Natur des Housing als »soziales Gut«.

Das Thema »Housing« hat in den letzten Jahren insbesondere in Italien eine Phase der Abwertung und Marginalisierung im Rahmen der Debatte über Architektur und Städtebau erfahren und dies, obwohl es nach wie vor eine der wesentlichen Komponenten der städtischen Bebauung darstellt, sowohl quantitativ wie auch qualitativ in Bezug auf die urbanisierten Gebiete.

Dieses fehlende Interesse für die Problematik des Housing steht in starkem Kontrast zur nationalen und europäischen Situation, in der entsprechend den Daten der EU eine stetig wachsende Nachfrage nach Wohnraum registriert wird. Diese Nachfrage steigt aufgrund der sozialen Transformationsprozesse, die innerhalb der urbanisierten Areale stattfinden, und durch Verknappung aufgrund überfälliger Renovierung des existierenden Wohnbestandes.

Das Interesse am Wohnungsbau, der in der Architekturdebatte bis in die achtziger Jahre zentral war, ist in ein einer Weise verloren gegangen, als sei die inhaltliche Debatte an ihr Ende gekommen.

Nach einer langen Phase der Stagnation wächst nun das Interesse innerhalb der architektonischen Disziplin wieder. Dies geschieht aus unterschiedlichen Gründen. Das Thema des kollektiven Wohnens ist erneut aufgekommen. Eine allgemeine Reflexion über die jüngste Entwicklung hat wieder eingesetzt. Neue Forschungen und Experimente zu alternativen Wohn- und Siedlungsformen wurden nötig, weil sich bisher verwendete Standards als obsolet und fern von den Bewohnerbedürfnissen erwiesen haben.

Die Architekturgeschichte des 20. Jahrhunderts in Europa ist zum größten Teil die Geschichte des kollektiven Wohnens. Im 20. Jahrhundert wird das Thema Wohnungsbau zum ersten Mal Teil des Forschungsprogramms in der Architektur. Das Wohnen wird wissenschaftlich untersucht unter dem Gesichtspunkt des Arbeiterviertels und der wirtschaftlichen Produktion von Wohnraum.

Schon im 19. Jahrhundert wurde in Europa das Wohnen mit den dazugehörenden Bedürfnissen zum Thema, aber erst im vergangenen Jahrhundert wird es zum zentralen Thema der architektonischen Debatte in Zusammenhang mit der Erkenntnis, dass die Wohnungsfrage insbesondere für die ärmeren Schichten ein gesellschaftliches Problem darstellt, das von der öffentlichen Hand gelöst werden muss, um die Qualität insbesondere in den Städten zu sichern.

Ohne auf nationale und lokale Einzelfälle zurückzublicken und ohne die qualitativen städtebaulichen und architektonischen Besonderheiten bewerten zu wollen, haben die öffentlich geförderten Wohnungsbaumaßnahmen des 20. Jahrhunderts Stadtteile beeinflusst oder erst hervorgebracht. Durch diese Projekte wurden ganze Stadtteile mit einheitlichen und kohärenten Strukturen gebaut. Sie konnten zum Teil der formlosen landverbrauchenden Expansion und der Zersiedelung der Nachkriegszeit entgegenwirken.

Das 20. Jahrhundert ist das Jahrhundert der Konsolidierung der Stadt der Öffentlichkeit durch einen Reichtum an Projekten, die in unterschiedlichen Stadtkontexten stattfanden und die als exemplarische Studienfälle verstanden werden können.

In Italien haben die unterschiedlichen Wohnungsbaugesellschaften wie das IACP und später das ALTER dazu beigetragen, die Probleme des Housing von tausenden Familien zu lösen, die das architektonische und städtebauliche Bild ganzer Stadtteile geprägt haben. Zugleich konnten dabei unterschiedliche Siedlungsideen und -prinzipien erforscht werden.

Sozialer Wohnungsbau ist eines der zentralen Themen in der Architektur des 20. Jahrhunderts, vielfach begleitet von Experiment und Forschung.

Die Prinzipien der Architektur der Moderne haben in der ersten Hälfte des letzten Jahrhunderts eine radikale Veränderung im Entwurf des Wohnungsbaus mit sich gebracht. Sie haben zur Entwicklung neuer Wohnformen entscheidend beigetragen. Ziele war die Planung von gesunden, den Bedürfnissen der Bevölkerung entsprechenden Wohnungen bei gleichzeitiger Berücksichtigung der Modelle des gemeinschaftlichen Zusammenlebens, die auf der Zugehörigkeit einer sozialen Gruppe aufbauen. Die Architektur sollte hierfür den physischen Rahmen bilden – als eine Art gebautes gesellschaftliches Modell.

Heute, zu Beginn des 21. Jahrhunderts, können wir nicht behaupten, dass diese ambitionierten Ziele der Moderne erreicht worden sind. Das ökonomische Wachstum hat das Europa der Nachkriegszeit generell geprägt. Bis auf wenige Ausnahmen, die in den Prinzipien der Moderne eine Entsprechung finden, wurden Siedlungsmodelle mit geringem Planungsaufwand favorisiert, die eine Zersiedelung unserer Städte und die Verschlechterung der Lebensbedingungen zur Folge hatten. Das Ziel der Avantgarde der gesellschaftlichen und städtebaulichen Erneuerung durch die Architektur wurde verfehlt.

Die flächendeckende urbane Expansion, hauptsächlich im privaten Wohnungsbau, hat zur Vernachlässigung einer der wichtigsten Aufgaben der Architektur geführt: der Gestaltung der Landschaft und der Umwelt. Früher wurden Landschaften, nicht einzelne Wohnblöcke entworfen. Die vorindustrielle Stadt hat sich in kontinuierlicher Fortschreibung ihrer Stadtlandschaft entwickelt.

Die Architekten der Moderne waren kategorisch gegen die Geschichte; Walter Gropius hatte die Geschichte vom Lehrprogramm des Bauhauses gestrichen. In der zeitgenössischen Kultur wurde die Geschichte als wichtiger Bestandteil der gebauten Umgebung wieder bedeutsam, denn die geschichtliche Dimension vermittelt Verständnis für den Raum, in dem man agiert.

Der zeitgenössische Architekt kann nur verantwortungsvoll handeln, wenn er das Territorium kennt, und dazu gehört auch die Tradition der Geschichte (auch des Wohnungsbaus), die das Verständnis für den Ort erweitert. Dies heißt nicht, dass der Entwurf die flache Übertragung des Existierenden sein soll, sondern dass der architektonische Prozess Innovation ohne Kulturtradition ausschließt bzw. die Tradition und die Innovation kompatibel im Entwurf zusammenspielen lässt.

Tradition ist ein Zusammenspiel von Zeiterscheinungen und Gedanken; diese können zur außergewöhnlichen Inspiration für den Entwurf des Entwicklungsgebietes dienen. Der Architekt muss einen sensiblen Dialog zwischen Tradition und Innovation aufbauen können, zwischen dem, was an Neuem möglich ist, auch wenn es noch nicht probiert wurde, und dem, was bereits existiert und inzwischen als Wert sedimentiert wurde.

Ein Weg zu diesem Ziel könnte sein, die Landschaften der neuen Siedlungen zu entwerfen, bevor man an die Gebäude geht. Anzufangen mit dem Entwurf der Landschaft könnte bedeuten, dass das Gebiet nicht nur als Basis für das Bebaute verstanden wird, sondern als Teil der zu planenden Architektur.

Diesem Prinzip folgend, entsteht eine Konzeption der Architektur, beziehungsweise der räumlichen Organisation der bewohnten Umwelt, die mit dem Territorium tief verbunden ist. Ein Gebiet, das nicht nur aufgrund seiner Dimension, sondern auch wegen der Komplexität der zusammenhängenden Merkmale und Attribute, die es charakterisieren, einmalig erscheinen kann. Die Städte sind Orte des Zusammenkommens der menschlichen Interessen im Territorium, die Landschaft selbst legt für diese Zentren die Art seiner Verwendung nahe.

Die Grenze des Quartiers, als für sich stehende Einheit gedacht und verstanden, ist die Folge eines Prozesses der autonomen Akkumulation.

In der vereinfachten Gleichung der Moderne steht die Wohnung im Verhältnis zum Gebäude, das Gebäude zum Quartier, das Quartier zur Stadt und schließlich die Stadt zur Region. Der Entwurf des Territoriums neigt dazu, das Ergebnis eines Planungsprozesses zu sein, der vom Quartier ausgeht. Somit wird dem Territorium die Qualität und Fähigkeit abgesprochen, einen Anteil an der Entwicklung der eigenen Morphologie zu haben. Vielleicht muss die Idee des Quartiers als geschlossene autonome Einheit überdacht werden und sollten stattdessen offene urbane Systeme geplant werden, die transformiert oder ergänzt werden können. Die aus städtebaulicher Sicht interessantesten zeitgenössischen Siedlungen, die zur Zeit als Experimente in unterschiedlichen kulturellen und territorialen Kontexten entstehen, sind solche, die auf Programmen basieren, in denen sie nicht als Appendix einer Stadt realisiert werden, sondern als Siedlungen mit einer starken urbanen Ausprägung. Identität und Ortsbezug stellen eine neue urbane Polarität her.

Es sind Entwürfe, die dank der komplexen Infrastruktur und der räumlichen Gliederung zum Aufbau eines urbanen Raumes geeignet sind und die keine undefinierten labilen Strukturen bilden, sondern eine geschlossene und konsolidierte Einheit.

Dass Wohnungsbau nicht monofunktional einen ganzen Stadtbereich bestimmen soll, ist inzwischen von einer großen Mehrheit anerkannt. Die Qualitäten, die ein historisches Zentrum neben der Beherbergung der Zeugnisse vergangener Jahrhunderte hat, müssen auch in der zeitgenössischen Stadt wieder zu finden sein, um die harmonische Integration zwischen öffentlichen Plätzen, funktionalen Infrastrukturen und Wohnbauten zu unterstützen, genauso wie in der historischen Vergangenheit die Urbanität der Siedlungen geprägt wurde.

Das Wohnhaus ist in der angelsächsischen Kultur der Ort für das private Leben und für die Sozialisierung. Das Haus ist für die kleine und mittlere Bourgeoisie groß und komfortabel; in der Kultur unter lateinischem Einfluss ist das städtische Wohnhaus oft klein und unbequem. Dies nicht nur, weil die sozio-ökonomischen Veränderungen in den südlichen Ländern Europas im Vergleich zu den nördlichen verspätet geschahen, sondern auch aufgrund eines anderen Verständnisses des städtischen Lebens. Im mediterranen Raum waren, auch dank der milden klimatischen Bedingungen, die Räume der Stadt eine Art Verlängerung des privaten Wohnraums. Dies ist auch heute noch in antiken kleinen und mittelgroßen Zentren nachzuempfinden – die städtischen Räume wurden und werden als kollektive Wohnräume genutzt, je nach Aktivität und Bedarf mit unterschiedlichen Funktionen, entsprechend der Art des Zusammentreffens der Bewohner. Auf den Straßen und Plätzen, in den Höfen und auch in den Kirchen fand das gesellschaftliche Leben der Stadtbewohner statt.

Die Städte unterscheiden sich in der physischen Gestalt durch unterschiedliche Faktoren wie Dimension, Orographie oder Verhältnis zwischen Land und Ambiente und sind durch die Architektur und die städtische Struktur gekennzeichnet. Diese Unterschiede sind allerdings in den Stadtkernen sichtbarer als in der Peripherie, wo sich die Städte eher ähneln.

Die historischen Viertel unserer Städte erscheinen uns insgesamt als einheitlich. Die vorindustriellen Städte, wenn sie erhalten sind, haben dank der Singularität und Erkennbarkeit der urbanen Struktur einen gemeinsamen Nenner – trotz der Besonderheiten, die durch die jeweiligen Entstehungs- und Wachstumsprozesse entstanden sind.

Ich glaube nicht, dass dies, wie einige meinen, nur aufgrund des langsamen Transformationsprozesses der alten Zentren zustande kam, weshalb mit der Zeit eine konstante und erfolgreiche Symbiose zwischen Alt und Neu erfolgte. Ich bin überzeugt, dass der entscheidende Faktor für die Einzigartigkeit historischer städtischer Texturen und Strukturen der soziale Zusammenhalt ist, durch den die

Konstruktion, die Vergrößerung und eine Veränderung der Stadt überhaupt möglich wurden.

Die soziale Organisation spiegelt sich in der Stadtform. Die unterschiedlichen Komponenten des städtischen Gefüges nehmen auch unterschiedliche Rollen im Kontext wahr und definieren somit Hierarchien und Strukturen. Diese Entitäten entsprechen der eigentlichen Stadtgliederung: Wohnbebauung, Hauptstraßen und Nebenstraßen, einzelne Plätze, Kirchen und Bauten für die Öffentlichkeit.

Im 16. Jahrhundert wurden die Städte entsprechend den gemeinsamen ästhetischen Vorstellungen der Bürger verändert und vergrößert. Die Gesamtstruktur der historischen Stadt wurde durch den Beitrag vieler Erfahrungen und Kenntnisse als Abbild einer kollektiven Kultur realisiert, die mit der Tradition verbunden und zugleich sensibel und offen war für die Innovationen, die durch Architekten und deren architektonische Werke entstanden sind. Die Städte sind hauptsächlich durch die Wohnbebauung gewachsen. Dies bedeutet, dass die Einzelnen ihre Wohnhäuser selbst bauten, vergleichbar mit der spontanen Bebauung, die heute im Gebiet unserer Städte stattfindet. Die Ergebnisse der damaligen Bebauung zeugen jedoch von einem kollektiven urbanen Ideal, das der Arbeit der Bürger zugrunde lag.

Der Philosoph Martin Heidegger[1], der den Menschen als »Sein in der Welt« konzipierte, vertritt die Theorie, dass der Mensch nicht ohne seine Umwelt verstanden werden kann und dass sich unser Weltverständnis nur im Bezug zum Menschen erklärt.

Für Heidegger ist das Ziel der Architektur, dem Menschen zu helfen, poetisch zu leben: »Das Dichten erbaut das Wesen des Wohnens.« (M. Heidegger)

Die Etablierung der Idee einer nachhaltigen Entwicklung führt, neben der Notwendigkeit der Ressourcenschonung, zu einer besonderen Art, die Räume der Häuser und der Städte zu verstehen. Ziel des Entwerfens ist es, die Qualität der Umwelt und die Nachhaltigkeit der Transformationsprozesse der Habitate zu sichern.

Das Spezielle dieser Herangehensweise besteht in der Nutzung der Instrumente und Methoden zur Integration unterschiedlicher Komponenten der Umwelt und typologischer, morphologischer, struktureller, technologischer und ökonomischer Eigenheiten. Dies gilt sowohl für neue Siedlungen und Bauten wie auch für die Requalifikation der bereits anthropisierten Umwelt.

Der ökologische Entwurf des Wohnhauses in seinen unterschiedlichen Maßstäben – Instrumente der Konstruktion, Bauten, städtische Räume – bedarf der Vertiefung unterschiedlicher methodologisch-operativer Thematiken: die Identifikation mit den historisch-anthropologischen Werten der Habitats; die ökologische Kultur des menschlichen Habitats; die Intervention in der gebauten Umwelt; die Beziehungen zwischen Mikro- und Makroumwelt und zwischen gebauter Umwelt und Natur; die Architektur der Landschaft und der Natur; die Nutzung der Materialien und Komponenten für die Architektur; die ökonomische Evaluation des Projekts in Bezug auf Lebenszyklus und Ökokompatibilität der Materialien und Systeme; die Instrumente zur Kontrolle des Lebensumfelds (Thermik, Licht, Akustik).

---

1 M. Heiddeger, *Bauen Wohnen Dichten, Vortrag vor Architekten und Künstlern in Darmstadt (1951)*. In: Vorträge und Aufsätze. Pfullingen, 6. Aufl. (1990) S. 192.

These 3

Die Rolle des »Schrumpfens« in der Planung

Seismische Prävention: eine neue Herangehensweise

Präventionsmaßnahmen für den Fall eines Erdbebens werden anhand einer Überprüfung der Standfestigkeit der Gebäudestrukturen (bzw. der Kunstobjekte und
Monumente) nach einer seismischen Aktivität bemessen. Die seismische Ingeni-
eurwissenschaft ist, historisch gesehen, die Disziplin, innerhalb derer eine pas-
sende Gebäudestruktur entwickelt wird, die auf Erdbeben ohne bzw. mit möglichst
minimalen Personen- und Sachschäden reagiert. Der Fokus dieser Disziplin liegt
darauf, seismisch stabil zu entwerfen bzw. vorhandene oder neu zu errichtende
Strukturen entsprechend der seismischen Einstufung des entsprechenden geogra-
fischen Gebiets gegen Erdbeben zu sichern. In Italien wurde nach dem Erdbeben
von Irpinien im November 1980 die Notwendigkeit deutlich, den Schutz der Städte
vor den Auswirkungen eines Erdbebens nicht nur auf die Sicherheit der Gebäudestrukturen[1] zu beschränken. Immer mehr hat sich zur Reduktion der seismischen
Risiken und Folgen die Intervention im gesamtterritorialen Maßstab bewährt. Die
städtebauliche seismische Risikoprävention zielt auf die Erhaltung der städtischen
Strukturen und Infrastrukturen ab, um die Funktionsfähigkeit der Stadt für die
Bewohner zu bewahren. Die territorial ausgerichtete Herangehensweise zur Erd-
bebensicherung eines Gebiets bezieht sich nicht nur auf die Summe der einzelnen
Gebäude, sondern auf die städtische Kommunität als Gesamtheit. Wichtig ist es,
unter Berücksichtigung der zur Verfügung stehenden ökonomischen Ressourcen[2],
zu verstehen, welche präventiven Aktionen in Wirklichkeit machbar sind. Prämisse
dieser Herangehensweise ist die Tatsache, dass nicht alles gegen Erdbeben gesichert
werden kann, weil die Gemeinden meistens nicht über ausreichende ökonomische
Mittel verfügen. Es handelt sich dabei um eine Entscheidung der Gemeinschaft,
wieviele Ressourcen zur Verfügung stehen und wie sie zu verwenden sind, um sich
zu schützen.

Urbane Präventionspolitik

Eine Politik der städtebaulichen Prävention vor seismischen Risiken (Umweltri-
siken) muss mit einer Überprüfung der Schwachstellen des städtischen Systems
beginnen, und dies unter Berücksichtigung des Bestandes wie auch der möglichen
zukünftigen Planungen. Gewissermaßen weist die städtebauliche Prävention eine
Ähnlichkeit mit der strategischen Planung auf: Der Schutz und die Entwicklung
einer Siedlung gehören zum selben Entwicklungsszenario. Welche Interventionen
beschlossen werden, liegt in der Entscheidung der Kommune. Die Notwendigkeit,
zwischen vielen möglichen Optionen Entscheidungen zu treffen, ist mit der Tatsache
zu begründen, dass Risiken nicht vollständig vermieden werden können (wie zuvor
bereits erwähnt); aber die Auswahl der zu schützenden Strukturen hängt von der
Strategie ab, bei der unterschiedliche hypothetische Modelle abgewogen werden,
um dann eine Entscheidung anhand der Entwicklungsidee zu treffen. Der Fokus

dieser Präventionspolitik liegt auf der Definition eines Entwicklungsmodells, das eine Optimierung der Ressourcennutzung als Mittel zur Risikovorsorge vorsieht und das gleichzeitig eine größtmögliche soziale und ökonomische Entwicklung garantiert. Die städtebauliche Erdbebenprävention – wenn so definiert – ist eines der Instrumente der Verwaltung des Territoriums: Der Definition *Verwaltung des Territoriums* geht eine Planung voraus, die viel mehr als eine einfache Kontrolle der gebauten Substanz vorsieht, wie sie seit Jahren in Italien stattfindet. So wurde (und wird noch) auch der Naturkatastrophenschutz in Italien auf eine standardisierte Planung reduziert. Die städtebauliche Planung ist (oder sollte es sein) das Fachgebiet, in dem Entscheidungen zur Transformation des Territoriums gemäß einer »strategischen Vision« getroffen werden: Die Zielsetzung der »Verwaltung des Territoriums« (und nicht der einfachen Planung) entspricht einer Entwicklungsidee, die als Basis der städtebaulichen Risikoprävention dient.

Einige Überlegungen vorab zum Risiko

Gemäß der wissenschaftlichen Literatur wird das seismische Risiko für eine Siedlung durch drei Faktoren beeinflusst: die seismische Gefahr, die physische und funktionale Exposition und die direkte und indirekte Vulnerabilität. Diese Definition des Risikos wird üblicherweise durch die Gleichung $R = P + (Ef + Es) + (Vd + Vi)$ dargestellt. Wir versuchen hier, die Bedeutung dieser Gleichung zu erklären: Die Gefahr P ist abhängig von den seismischen Merkmalen einer Region und von den geologischen Charakteristiken der Orte (lokale Gefahr) bzw. den geologischen und geomorphologischen Merkmalen, deren lokale Effekte auf das Gelände einwirken. P stellt die Wahrscheinlichkeit eines Erdbebens und dessen maximale Intensität dar. Die Exposition (Ef + Es) bezieht sich auf die Gesamtheit der Güter und Menschen, die sich tatsächlich in einer erdbebengefährdeten Region befinden. Die Exposition besteht aus zwei unterschiedlichen Komponenten: die physische Exposition (bzw. die Präsenz der Personen und Güter, die der seismischen Gefahr ausgesetzt sind) und die funktionale oder systemische Exposition, jeweils abhängig von der Präsenz von Aktivität und der Rolle, die ein Teilbereich des Territoriums für die Funktionalität der Siedlung insgesamt spielt. Die Schäden an der urbanen Struktur hängen nicht nur von den physischen Elementen ab, die zusammenbrechen können, oder von den Personen, die verletzt werden können (physische Aussetzung), sondern auch von der Morphologie der Siedlung und deren Organisationsstruktur (Systemaussetzung). So wird beispielsweise ein kompaktes historisches Zentrum (wie in L'Aquila) eine andere Exposition aufweisen als die eines polyzentrischen und nicht funktional hierarchisch organisierten Zentrums, und selbstverständlich reduziert sich die Exposition eines Gebietes bei gänzlicher Abwesenheit von Menschen und Gütern – unabhängig von der Erdbebengefahr – auf Null (kein Risiko für Menschen und Güter). Die (direkte oder indirekte) urbane Verwundbarkeit hängt nicht nur von den Schäden ab, die einzelnen städtischen Gebäuden, Kunstwerken oder Baukomplexen durch Erdbeben einer gewissen Intensität zugefügt werden können, sondern auch davon, was in den Gebäuden stattfindet (bzw. der Rolle in den unterschiedlichen funktionalen Systemen, die für das Leben in der Stadt notwendig sind – seien es kommerzielle, produktive, energetische oder andere Funktionen). Das Konzept der Leistungsorganisation ist von zentraler Bedeutung für die Einschätzung seismischer Risiken im städtebaulichen Maßstab[3]. Die städtebauliche Verwundbarkeit entsteht auch durch die negative Interaktion zwischen nebeneinander stehenden Gebäuden (indirekte Verwundbarkeit) oder zwischen Gebäuden und infrastrukturellen Systemen, ebenso durch das Vorhandensein kritischer Konstruktionen. Das Konzept der Verwundbarkeit kritischer Konstruktionen entspricht zwei möglichen Interpretationen. Die eine bezieht sich auf mögliche Schäden, die ein Bauwerk in einem Territorium verursachen kann (Dammbruch, Lager von Gefahrenmaterialien, Türme, Versammlungstätten, Brücken, etc.), die andere auf Folgeschäden, die durch abhanden gekommene Funktionen entstehen können (Krankenhäuser, Schulen, Verwaltungszentren, etc.). Auf diese zweite Interpretation bezieht sich der Zivilschutz. Die Verwundbarkeit eines seismischen Gebiets bemisst sich an der nichtlinearen Relation zwischen der Intensität der seismischen Aktivität und den Schäden, die am städtischen System entstehen.

Strategische Vision und Prävention: die minimale urbane Struktur

Wie kann ein Entwicklungsmodell erarbeitet werden, das die Risiken eines Territoriums berücksichtigt? In der Fachliteratur sind inzwischen die Modalitäten für die Realisierung eines strategischen Entwicklungsparcours definiert. Auf diese Fachliteratur[4] wird zur Vertiefung hingewiesen; was uns hier insbesondere interessiert, ist das Verhältnis zwischen Entwicklungsmodell und seismischer Risikoprävention. Städtebauliche Präventionspolitik geht von der Notwendigkeit aus, die funktionalen Systeme einer Stadt, also die Systeme, die für ihren Erhalt notwendig sind, aktiv zu halten, um einen Kollaps der Stadt zu verhindern. Es geht darum, minimale Stadtstrukturen zu definieren, mit deren Erhalt ein städtisches Weiterleben auch nach einem Erdbeben möglich ist. Das Konzept der minimalen Stadtstrukturen ist mit der strategischen Rolle verschiedener Elemente verknüpft, um das Leben in der Stadt zu garantieren. Wenn das Ziel die Bestimmung einer *minimalen Stadtstruktur* (SUM) ist, die nach einer Naturkatastrophe weiter funktionieren kann, ist es notwendig herauszufinden, aus welchen Elementen[5] diese bestehen muss. Durch verschiedene Studien wurde das Thema des Aufbaus der SUM mit unterschiedlichen Ergebnissen analysiert. In der originären Bestimmung der SUM war es der Ursprungsinhalt der einzelnen Bestandteile: Unabhängig von der Bestimmung der SUM müssten alle Elemente, die als Stütze der Wirtschaft und der stadtischen Gesellschaft dienen[6], erhalten bleiben. So muss die SUM notwendigerweise städtische Elemente enthalten, die keine untergeordnete Rolle im städtischen Gefüge einnehmen und die im funktionalen System, das die urbane Struktur definiert, nicht redundant sind (Versorgungswesen, Wirtschaft, Kommerz, Verwaltung, Dienstleistung, etc.): Gebäude, die strategische Funktionen beinhalten (Gemeindeverwaltung, Regierungsgebäude etc.), aber auch Gebäude, die gleichzeitig gemeinschaftliche Einrichtungen beherbergen (Arztpraxen, medizinische Einrichtungen), Kommerz- und Wohnfunktionen und auch Gebäude und Monumente mit historischer und architektonischer Bedeutung, die zur städtischen Identität beitragen (Teil der »mental maps« der urbanen Gemeinschaft). In zweiter Instanz werden hierarchisch bedeutende Elemente der funktionalen Systeme Bestandeile der SUM. Analoge Überlegungen finden im Hinblick auf die Kommunikations- und Mobilitätssysteme (Telefon-, Transport- und Straßennetze) statt, ebenso bezüglich der Versorgungsnetzwerke (Wasser, Elektrizität, Gas etc.) und des Systems der Freiflächen (Plätze, Parkplätze und Grünanlagen), die eine wichtige Rolle bei der Notversorgung im Katastrophenfall haben (man denke an ein System von Sammelplätzen für den Notfall, Rettungswege, Notzeltlager etc). Die SUM ist Teil des Stadtsystems und daher im Laufe der Zeit variabel; sie wandelt sich gemäß den Veränderungen der städtischen Strukturen und ist veränderbar im Bezug auf die Entwicklungsmodelle, die von der Gemeinschaft festgelegt werden. Die SUM kann also nicht endgültig festgelegt werden, da sie veränderbar entsprechend der städtischen Entwicklung ist. Theoretisch ist die SUM keine geschlossene Planung innerhalb eines Programms für das Territorium, sondern ein Instrument für die Prüfung der Entscheidungen, die zu einer gewissen Organisation führen. Mit den Instrumenten zur Verwaltung des Territoriums wird üblicherweise ein Gesamtbild der Nutzung des physischen Raumes erstellt – sowohl für die Nutzungshierarchien als auch für die zeitliche Programmierung der maximalen Aktualisierung. Ausgehend von diesem Bild ist es möglich, die Funktionen und die Orte zu definieren, die im Falle eines seismischen Vorkommens prioritär als zu schützende Objekte zu behandeln sind. Dies, weil die Prävention der Risiken nicht als sektoriale Politik verstanden werden kann, sondern die gesamte Struktur der städtebaulichen Instrumente miteinbeziehen muss. Bei Einhaltung der Grundprinzipien des Bebauungsplanes wird eine minimale Stadtstruktur festgelegt, die der Definition des Präventionsprozesses des Risikos entspricht. In der Aufbauphase des SUM wird die Gesamtheit aller Funktionen, Aktionen und Orte mit strategischer Funktion definiert. Mit strategisch sind hierbei zwei Bedeutungen gemeint. Die erste bezieht sich auf Elemente, die Teil des urbanen Systems und wesentlich für die Wahrung der Funktionalität sind: z.B. Krankenhäuser, Produktions- und Wirtschaftsstandorte, die Verwaltung, aber auch Brücken, große Verkehrsachsen, etc.. Die zweite betrifft Elemente, die zur Verfolgung strategischer Ziele notwendig sind; z.B. eine Politik der nachhaltigen energetischen Versorgung, das System der Energieversorger (Windparks, Photovoltaikanlagen, Biomassen, etc.) und die Energieversorgung über Verteiler.

Die Gesamtheit der Funktionen und Strategien beinhaltet alles, was die Modalitäten der Funktionalität eines Stadtzentrums als System betrifft. Die Stadt ist der Ort des Austausches, daher muss eine Politik der Prävention auf jeden Fall den Kreislauf von Menschen und Gütern durch ein funktionierendes Straßennetz garantieren. Das heißt, dass Zugang zur Stadt mehr bedeutet als Schutz der einzelnen städtischen Verkehrsachsen, denn es muss nicht nur die Erreichbarkeit von Krankenhäusern und Schulen garantiert werden, sondern auch die ökonomische und soziale Funktionalität der Stadt. Dies führt unvermeidbar zur Interaktion zwischen öffentlichen und privaten Einrichtungen: während der Schutz einer Brücke oder Straße eine öffentliche Aufgabe ist, kann ein effektiver Schutz der gebauten städtischen Zentren nur mit Hilfe der privaten Eigentümer stattfinden. Zur Definition der SUM ist ein Aktuationsprogramm notwendig, das den Schutz des städtischen Systems garantiert, angefangen bei einigen funktionalen und räumlichen Elementen mit strategischer Relevanz, einem ersten System von sicheren Orten und Zugängen sowie der kontinuierlichen Anpassung im Zuge der fortschreitenden Stadtentwicklung. Die Einbeziehung bestimmter Elemente in die SUM ergibt sich nicht nur aus der Analyse der städtischen Verwundbarkeit, sondern auch aus einer funktionalen Analyse. Es ist möglich, für jedes Element einen Index zur Wertung der strategischen Gewichtung (nicht nur gemäß den Methoden des Zivilschutzes) auf lokaler Ebene zu formulieren. So kann die Methode der Co-Präsenz angewandt werden, die auf der einfachen Berechnung der Anzahl der funktionalen Systeme aufbaut, zu denen ein Element gehört (Wohnen, Handel, Kulturgüter, identitätsstiftende Orte, etc.) – wenngleich es möglich (und vielleicht sinnvoller) wäre, anspruchsvollere Methodologien zu nutzen. In Frage käme auch die statistische Folgerung in Verbindung mit der Wichtigkeit, die jedes funktionierende System in der jeweiligen spezifischen urbanen Struktur hat. Die Nutzung multidimensionaler statistischer Methoden, wie zum Beispiel der »Analyse der wesentlichen Komponenten«, bei der eine Hierarchie der Komponenten entsprechend der Struktur der verwendeten Daten definiert wird, entspricht den gestellten Anforderungen; hingegen bedeutet dies die Nutzung einer großen Datenmenge, die sehr aufwendig und teuer, wenn nicht nahezu unmöglich zu sammeln ist.

Die Nutzung »Komplexer Programme« im Aufbau der SUM

Die Prävention vor seismischen Risiken, die mittels der SUM realisiert wird, sieht den Schutz strategischer Bereiche einer Siedlung vor, um die Effizienz einer Stadt und deren Leistungen auch nach dem Erdbeben[7] zu erhalten. Dies bedeutet nicht, dass strategisch weniger wichtige Bereiche einer Stadt zürückgelassen werden müssen (eine effiziente Stadt ohne Bürger ist sinnlos). Die Frage der Prävention stellt sich nicht nur für den Schutz der großen, strategisch funktionalen Bauten oder wichtigen Kommunikationssysteme, sondern auch für den Schutz der Bereiche, die in der Wohnstruktur mit integriert sind (Kommerz, Handwerk, Dienstleistung etc.). Der Schutz dieser Funktionen ist Teil des Prozesses »der gestreuten Erhaltung«, in dem die Privatwirtschaft mittels Förderung die Initiative ergreifen muss. Die Frage ist, wie die Präventionspolitik bei mangelnden ökonomischen Ressourcen durchgeführt werden kann, bzw. wie der Bereich der Risikoprävention vergrößert werden kann: Es erscheint strategisch wichtig, die Privatpersonen – Bauherren und Eigentümer – in die Präventionspolitik mit einzubeziehen. Die Praxis, Privatpersonen in die Politik der öffentlichen Aufgaben einzubeziehen, entwickelte sich in Italien im Laufe der 80er Jahre. Das Ende der Expansionsphase im Bauwesen und die ökonomische Rezession hinterließen in Italien große Leerstellen und Lücken (hauptsächlich aufgrund von Umnutzung und Leerstand ehemaliger Produktionsanlagen) und vielerlei nicht mehr genutzte Flächen. Ausgehend von diesem Stand der Dinge wurde eine Neuplanung der städtischen Strukturen begonnen – unter Mitwirkung von Privatpersonen und in Zusammenarbeit mit der öffentlichen Hand. Diese besonderen Verfahren erhielten den Namen »komplexe Programme«[8].

Die Notwendigkeit, öffentliche Flächen durch Vereinbarungen mit Privatpersonen zu herzustellen, hat die lokalen Verwaltungen dazu bewogen, die »komplexen Programme« zu nutzen – als notwendige Realisierungsinstrumente, um privates Kapital für die städtischen Erneuerungsprojekte und auch für die Realisierung von Infrastrukturarbeiten und Instandsetzungsmaßnahmen zu erhalten. In vielen Regionen Italiens, so auch in den Abruzzen, sind die komplexen Programme im Laufe der Jahre zu Instrumenten für die Realisierung von städtischen Planungen geworden; dies auch dank einer entsprechenden regionalen Gesetzgebung. Die Ergebnisse der bisherigen Erfahrungen sind vielfältiger Natur. Der bereits erbrachte Beitrag zur Realisierung öffentlicher Aufgaben und städtischer Planungen unterschiedlicher Natur durch die Politik ist groß. Dieser Beitrag ist in unterschiedlichen Bereichen und auch durch ökonomische Verhandlungen zwischen öffentlicher Hand und Privatpersonen verifizierbar, um die notwendigen ökonomischen Ressourcen von Investoren, Eigentümern und privaten Gesellschaften zusammenzustellen. Durch diese vielfältigen realisierten Kooperationsmodelle konnte in vereinzelten Fällen auch der Wiederaufbau nach einem Erdbeben[9] finanziert werden. Im Laufe der Jahre trat durch städtische Aufwertung und Umnutzung mittels der komplexen Programme auch deren strategischer Charakter zutage; denn die jeweiligen Programme für Qualifizierung und Erneuerung und zur Realisierung neuer Projekte werden immer mehr zum Teil einer Leitidee und zu strategischen Instrumenten, die durch eine Mehrzahl von städtischen Akteuren zusammengestellt werden.

Evolution in der Zeit der SUM und Reduktion der seismischen städtischen Verwundbarkeit

All diese Aspekte – die Nutzung privaten Kapitals und die Strategie der Maßnahmen – sind entscheidend für den Aufbau einer Politik der Prävention vor seismischen Risiken. Diese ist, wie bereits erklärt, durch starke strategische Maßnahmen charakterisiert und stellt ein gemeinschaftlich akzeptiertes Ziel dar. Die Nutzung von Kooperationsformen zwischen öffentlicher Hand und Privatpersonen (realisierbar durch »komplexe Programme«, Gesellschaften für die städtische Transformation oder andere Verhandlungsverfahren) wird notwendig, um die Durchführung einer Prävention zu stärken, die flexibel auf Risikoreduktion reagieren kann. Die Realisierung der SUM ist ein Prozess, der sich zeitlich entwickelt, abhängig von der Siedlungsart und den Bedürfnissen der Gemeinschaft[10].

Insgesamt ist es möglich, die Präventionspolitik und die Anpassung an die notwendigen Standards im Verhältnis zum Faktor Zeit schematisch grafisch darzustellen.

- SP = notwendige Leistungsstandards
- T = Zeit

Entwicklung des Systems **bei Vorhandensein** von Präventionspolitiken ex ante seismisches Event

Entwicklung des Systems **bei Nichtvorhandensein** von Präventionspolitiken ex ante seismisches Event

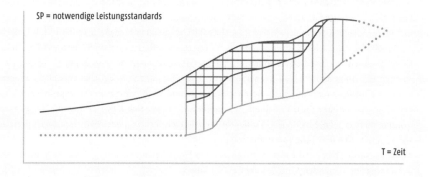

SP = notwendige Leistungsstandards

T = Zeit

≡ Entwicklung des Systems bei Vorhandensein von Präventionspolitiken ex ante seismisches Event

||| Entwicklung des Systems bei nicht Vorhandensein von Präventionspolitiken ex ante seismisches Event

Beim Fehlen einer Präventionspolitik können nach einem seismischen Ereignis zwei zusammenhängende Phänomene beobachtet werden: auf der einen Seite die zeitweilige Reduktion der Leistungsstandards des Systems und auf der anderen Seite der längere Zeitaufwand zum Wiederaufbau der notwendigen Leistungsstandards für die Entwicklung des Systems. Es ist hier die Anmerkung notwendig, dass in der Grafik zwei »alea« eingebaut sind: die erste bezieht sich auf die nicht verifizierte Hypothese, dass ein System auf jeden Fall im Laufe der Zeit eine Erhöhung der Leistungsstandards erfährt; die zweite ist, dass auch im Falle fehlender Prävention mit der Hypothese gearbeitet wird, dass es zu einer Normalisierung und Weiterentwicklung kommt. Die beiden o. g. Hypothesen, auf denen die Graphik aufgebaut ist, sind nicht verifiziert. Die Hauptevidenz beim Vorhandensein einer Präventionspolitik sind der geringere Verlust an aktuellen Leistungsstandards und eine raschere Wiederanpassung des Systems an die theoretischen Leistungsstandards. Abschließend muss noch bemerkt werden, dass der zeitweise Verlust der Leistungsstandards (inklusive derjenigen, die in den zerstörten Orten zur Aufrechterhaltung der Gemeinschaft dienten) ab einem gewissen Grad die Wiederherstellung gefährden und zu deren endgültigem Verlust führen könnte. Dies gilt insbesondere für kleinere Zentren, welche im Falle einer starken Zerstörung einfach verlassen werden könnten. Es ist jedenfalls nicht auszuschließen, dass sich dieses Szenario auch bei größeren Zentren[11] bestätigt.

1   Als Beispiel können die Erfahrungen der Regionen Emilia Romagna und Umbrien genommen werden, Vergl. »Rischio sismico: riflessioni sulla valutazione della vulnerabilità urbana e territoriale« (V. Fabietti und andere), Beitrag zum internationalen Seminar »Vulnerabilità ai terremoti e metodi per la riduzione del rischio sismico«, Noto (SR), 27/30 settembre 1984; S. Caldaretti, V. Fabietti, A. Riggio, *La vulnerabilità sismica dei sistemi territoriali*, Roma 1987; V. Fabietti »Vulnerabilità sismica del sistema insediativo: conoscenza del territorio come contenuto di piano«, Beitrag zur Tagung »Rischio sismico e pianificazione territoriale«, Teramo, 25. März 1988; V. Fabietti, *Progetti mirati e pianificazione strategica*, Roma 1993; I. Cremonini, *Rischio sismico e pianificazione nei centri storici*, Firenze 1993; V. Fabietti, *Vulnerabilità urbanistica e trasformazione dello spazio urbano*, Firenze 1999; M. Olivieri, *Vulnerabilità urbana e prevenzione urbanistica degli effetti del sisma: il caso di Nocera Umbra*, Roma 2004.

2   Man bezieht sich hier auf die Haushaltsmittel der öffentlichen Hand und im weiteren Sinne auf die zur Verfügung stehenden Mittel dieser Gemeinschaft.

3   »Der Leistungsstandard ist das Komplementärelement zur Verwundbarkeit der einzelnen Gebäude, aus denen das funktionale Untersystem besteht, um die möglichen seismischen Schäden vorab einzuschätzen, da ein redundantes System mit vielen Leistungen weniger kollapsanfällig ist als ein einfaches oder mangelhaftes System.« I. Cremonini, *Analisi e valutazione della vulnerabilità dei sistemi urbani: dalle esperienze avviate nel 1990 in Emilia-Romagna al progetto S.I.S.M.A. ed al nuovo contesto normativo*, Bologna 2006.

4   M. Crozier, G.E. Fridberg, Attore *sociale e sistema*, Milano 1996; H. Mintzberg, *Ascesa e declino della pianificazione strategica*, New York 1996; P. Healey, *Making strategic spatial plans: innovation in Europe*, London 1997; K.S. Christiansen, »Cities and Complexity: making intergovernmental decisions«, Thousand Oaks, Cal. (1999); P. Mantini, »Modelli giuridici di negoziazione urbanistica in Italia« in F. Curti (Hrsg), *Urbanistica e fiscalità locale*, Rimini 1999; F. Simpson, M. Chapman, »Comparison of urban governance and planning policy«, in »Cities«, (vol. 16) 5 (1999); G. Franz, *La città di domani: strategie, programmi, progetti di riqualificazione urbana*, Ferrara 2000; E. Rullani, *Città e cultura nell'economia delle reti*, Bologna 2000; A. Cicerchia, *Pianificazione strategica e ambiente*, Milano 2000.

5   Vergl. V. Fabietti, *Vulnerabilità*. bereits zitiert.

6   Die minimale städtische Struktur SUM ist abhängig von bestehenden und geplanten Funktionen, den zur Verfügung stehenden ökonomischen Mitteln sowie der Organisationsfähigkeit der jeweiligen Gesellschaft.

7   Die Evaluation der seismischen Verwundbarkeit kann nach Kriterien wie möglichen Verlusten oder Reduktion der Leistungsstandards (Dienstleistung, Wohnung, Produktion, gemeinsame Einrichtungen, etc.) erfolgen.

8   Die ersten komplexen Programme in Italien wurden vom Ministerium der öffentlichen Arbeiten mittels geeigneter Ausschreibungen zugunsten der lokalen Verwaltungen initiiert. Das war der Beginn der integrierten Programme, definiert durch das Gesetz 179 von 1992. Die städtischen Qualifikationsprogramme zur nachhaltigen Entwicklung des Territoriums, die Maßnahme Urban, die Quartiersverträge und weitere sind Instrumente, die durch die nationale und europäische Gesetzgebung geschaffen wurden. Wesentliche Merkmale dieser Maßnahmen sind die Areale der Intervention – verlassene städtische Bereiche bzw. soziale und funktionale Brennpunkte – und die Integration der Mittel mit der Koordination von öffentlichen und privaten Investitionen.
    Zur Vertiefung siehe: S. Ombuen, M. Ricci, O. Segnalini, I *programmi complessi*, Il Sole 24 Ore – Pirola, Milano 2000; F.Karrer, M. Moscato, M. Ricci, O. Segnalini, *Il rinnovo urbano*, Roma 1998; A.P. Latini, *I programmi di riqualificazione urbana*, Roma 1997.

9   Vergl. Die Erfahrungen der Regionen Marche und Umbrien.

10 Wenn die SUM definiert wird kann der Schutz der Strukturen bei zukünftigen Maßnahmen berück-
    sichtigt werden und es können weitere Aktionen die das System als Gesamtheit verstehen program-
    miert werden.

11 Vergl. AA.VV., *Poggio Picenze Interlab. Università abruzzesi per il terremoto*, Aracne, Roma 2010

Die nachhaltige Stadt: zwischen Emotionen und Netzen. Nachhaltiges städtebauliches Entwerfen – Stadterneuerung

Es wird viel vom nachhaltigen städtebaulichen Entwurf gesprochen, und weltweit finden zahlreiche große Experimente dazu statt. Diese beziehen sich auf Interventionen in größten Dimensionen für maximale Leistungen (Mazdar City, China New Towns Developement). Schwieriger ist es, kleinere und langsamere »Low-tech«-Interventionen, die innerhalb bestehender Städte realisiert werden sollen, zu prüfen. Diese sind jedoch besonderes interessant. Das Thema der Stadterneuerung passt sicherlich eher zu Europa; es behandelt Praktiken zur Erhaltung und Restaurierung von Denkmälern, die zur Erinnerung und Kontinuität dienen. Zentral ist vor allem das Thema der Landverbrauchs-Reduzierung – ein Thema, das für die hochentwickelten Länder in Europa unabdingbar ist. Hier wäre eine weitere unkontrollierte landverbrauchende Siedlungspolitik nicht mehr tragbar; diese ist weder nachhaltig, noch steht genügend Land zur Disposition. Entsprechend den Ergebnissen des XXII. UIA-Kongresses in Turin können zwei unterschiedliche konzeptionelle weiterführende Herangehensweisen für den Entwurf der nachhaltigen Stadt genannt werden:

»High-tech«-Städte (großer technologischer Aufwand zur Produktion von nachhaltiger Energie und zur Reduktion des Konsums) – teure Interventionen für Neuplanungen. Keine Anpassung der Lebensstandards, keine Reduktion des Konsums, sondern Reduzierung der negativen Effekte von Konsum auf die Umwelt. Es werden keine Grenzen für die Entwicklung der Stadt gesetzt. Beispiele hierfür sind Städte wie Mazdar City und die chinesischen New Towns.

»Low-tech«-Städte setzen zur Reduzierung des Energieverbrauchs einen größeren Planungsaufwand in der Entwurfsphase voraus, haben aber eine geringere Gewichtung im architektonischen und städtebaulichen Maßstab. Das Individuum muss sich für eine nachhaltige Gestaltung des Alltags-Lebens einsetzen. Das Thema der »Low-tech«-Städte ist sehr weitreichend. Es erscheint schon aus ökonomischen Gründen, aufgrund der einfachen Realisierbarkeit und der großen Verbreitung, angemessen. Vor allem führt die kollektive Beteiligung an einer nachhaltigen Entwicklung zu einer Änderung der Mentalität der Individuen, die davon profitieren werden. Die »Low-tech«-Herangehensweise eignet sich gut für Interventionen in bestehenden Städten; dies gilt auch für spezifische Aufgaben und Themen wie:

- Wohnen – Lösungen für eine nachhaltige Bebauung, neue Modelle für Leben und Wohnen;
- Produzieren – verbreitete nachhaltige Produktionssysteme;
- Konsum – Reduzierung des gesamten Konsums einschließlich des Quartier- oder Arealverbrauchs, Entwicklung entsprechender Systemlogistiken;
- Mobilität – Integration des Infrastruktursystems, Zentralität und Interkonnektivität für die »Low-tech«-Herangehensweise.

Es muss eine Vision für die Stadt von morgen entwickelt werden. Es ist notwendig, die Bereiche für eine nachhaltige städtische Aufwertung zu finden:

Makro-Maßstab: die städtebauliche Aufwertung durch Abbruch und Wiederaufbau; städtische Areale – beispielsweise die großen Umstrukturierungen in den ehemaligen Industriearealen in Turin (ca. 20 Mio. Kubikmeter auf verschiedene Areale aufgeteilt), die in den 90er Jahren begonnen wurden und noch die nächsten 30 Jahre andauern werden. Hier wurden und werden Stadtbereiche mit neuen Geometrien und Funktionen neu geplant, da der Bestand für die Stadt keine Funktion mehr hat und haben kann. Es kann nicht alles erhalten werden (Ausnahme sind Bauten mit einer symbolischen Bedeutung). Hier kann die Nachhaltigkeit in zwei Bereichen Anwendung finden:

- theoretisch nachhaltige Methoden im weitesten Sinne, nicht nur auf die Energieversorgung beschränkt;
- technische Ertüchtigung von Bestand, nachhaltiger Neubau, generelle Strategien für die energetische Nachhaltigkeit.

Üblicherweise ist diese Typologie durch homogene Areale charakterisiert – große Dimensionen, Leerraum innerhalb der Städte, Inseln, die in den Städten zurückgelassen wurden, weil keine Produktion mehr stattfindet.

Mittlerer Maßstab: die städtebauliche Aufwertung zur Wiederherstellung und Komplettierung fragmentierter und veränderter historischer Stadtbereiche. Hier folgte auf die Veränderungen eine soziale, materielle und räumliche Herabstufung, die nun eine qualitativ hochwertige und sichtbare Wiederaufwertung nötig macht. Das kann durch Interventionen erreicht werden, die auf Kontinuität zwischen den konsolidierten historischen Zentren und der aufgewerteten Peripherie setzen. Hierbei geht es um die sensible Anwendung von Typologien, Materialien und Stadtmobiliar sowie um die Verwaltung der öffentlichen Flächen und die Hervorhebung lokaler Identitäten. Diese Art der Interventionen wird in städtischen Arealen mit bruchstückhaften Eigentumsverhältnissen angewandt, die sehr dicht bebaut sind und vereinzelte Baulücken aufweisen. Innerhalb von Gegebenheiten mit problematischer Logistik geschieht dies ohne verwaltungstechnische Durchführungsinstrumente, die bei der Realisierung hilfreich wären.

Kleiner Maßstab: die städtische Aufwertung kleiner und minimaler Bereiche – oftmals Restflächen, die aus vergangenen Interventionen entstanden sind, marginale Stadträume ohne klare Identität (man könnte sie Nicht-Orte nennen), die im städtischen und sozialen Gefüge wieder eingebunden und erlebbar gemacht werden müssen. Diese Art der Interventionen gleicht Instandsetzungs- und Erhaltungsmaßnahmen mit dem Ziel einer erweiterten, nicht nur technischen Qualität. Gute Instrumente hierfür sind Referenzen beispielhafter Lösungen für bestimmte städtische Bereiche, mit denen die städtische Identität gestärkt werden kann – auch durch die Homogenität der einzelnen Komponenten. Die erste Herangehensweise ist die interessanteste für den städtebaulichen Entwurf. Sie setzt auf die Gesellschaft bezogene Überlegungen zu den künftigen Szenarien der Stadt in ihrer Gesamtheit voraus und bietet Gelegenheit, den Horizont zu erweitern und Leitfäden für die weiteren Planungs- und Entwurfsphasen zu entwickeln. Folgende Aspekte der Nachhaltigkeit müssen gefunden werden, um das Ziel zu erreichen:

- Geometrische und funktionale Faktoren: Studium und Überarbeitung von Räumen und Zugehörigkeiten; Überarbeitung der Stadt im kleinen und großen Maßstab zur Generierung neuer Zentralitäten.

Instrumente:

- Subtraktion
- Verdichtung
- Multifunktionalität
- Ablesbarkeit (Dimension, Organisation)
- Polyzentrismus (für Interventionen im großen und erweiterten Maßstab) und Interkonnektivität
- Anthropische Faktoren: Nachhaltigkeit der Verbindungsräume für nachhaltige Organisation und Wegeführung
- Sozial – Integration und Kohäsion
- Erinnerung – Verbindung mit Geschehnissen der Vergangenheit
- Wahrnehmung der Orte und der Werte, des gemeinsamen Gutes, Aspekte der qualitativen Wahrnehmung, Schaffung von Identität und Zugehörigkeit
- Nutzung der Orte: Reaktionen und Analyse der Orte, neue Funktionen und Funktionsmix;
- Materialfaktoren: neue und alte nachhaltige Materialien für die Neuplanung der Stadt
- Nachhaltige Materialien – Nutzungsschemata sind z.B. europäische Kennzeichnungen (CE und mögliche Nachhaltigkeitskennzeichnungen, EPD, EMAS, Ecolabel, DAP und EPD sowie LCA)
- Innovative Materialien, aktive Reduktion der Umweltverschmutzung
- Wiederverwendung von Materialien
- Materialien aus der nahen Umgebung (geringe Transportkosten).

Nachhaltige städtebauliche Aufwertung in Italien

In Italien ist die städtebauliche Planung aufgrund chaotischer Gesetze und wegen der bestehenden Städte gescheitert. Die italienische Anomalie bei Verfahren zur städtischen Aufwertung besteht in der Tatsache, dass die Gebühren für Anträge und Genehmigungen den Gemeinden zugutekommen, die oft mit sehr kleinen Haushaltsmitteln wirtschaften müssen. Dadurch erscheinen Kosten und Realisierungszeit für die Erschließung neuer Siedlungsgebiete geringer als Kosten und Zeiten für die Aufwertung und Erneuerung bestehender Gebiete. Generell sind diese Zeiten auch länger als die Dauer politischer Mandate. Diese Praxis hat negative Konsequenzen hinsichtlich des Landverbrauchs und der nicht genutzten Potenziale des Bestands. In der Erneuerung alter Stadtteile – eventuell durch Abriss- und Wiederaufbauarbeiten – lägen hingegen viele Potenziale für positive Entwicklungen in unterschiedlichen Bereichen und langfristige positive Effekte.

Aufgrund dieser Problematiken hatten im italienischen Modell die privaten Interessen Vorrang gegenüber den öffentlichen. Privaten Bauherren mit ihren kurzsichtigen Visionen wurde bei vielen Planungen die Regie überlassen. Bei der Realisierung neuer Stadtteile führte dies wegen fehlender Projektierung und Stadtplanung zu nicht vorhandenen strukturellen Zusammenhängen und einer fehlenden Organisation der Transportsysteme. Somit wurde ein Transport- und Infrastruktursystem in Kraft gesetzt, das der Stadtentwicklung folgt, statt sie zu führen. Dieses Szenario trifft für die Mehrheit der Fälle zu (emblematisch hierfür ist die Hauptstadt Rom). Es hat ganze Stadtareale generiert, die monofunktional und isoliert sind und keine Infrastrukturen haben. Mit diesem Beitrag sollen keine alternativen Lösungen für die nicht erfolgten städtebaulichen Programme und Planungen angeboten werden, sondern es sollen Möglichkeiten zur Realisierung auch kleiner Projekte vorgeschlagen werden mit dem Ziel, bestehenden Missständen entgegenzuwirken – angefangen mit minimalen Projekten, um Methoden zur Intervention zu suchen, die auf nationaler Ebene Anwendung finden können. Ein kulturelles, für Italien typisches Hindernis bei der Realisierung neuer Projekte ist die Schwierigkeit, Fehlentwicklungen zu korrigieren und funktionslose Gebäude oder qualitativ schlechten Bestand zu erneuern. Es fehlt die Kraft, neue Visionen zu unterstützen und neue Modelle zu akzeptieren.

Umbau und Abriss

In Italien sind Nutzung und Restaurierung bestehender Gebäude Praxis. Oftmals wird eine Konservierung jedoch unabhängig von den eigentlichen Qualitäten und Funktionen der Gebäude und nur aufgrund der Tatsache, dass es sich um Bestand handelt, vorgenommen. Oft werden neue Erfordernisse nicht analysiert und berücksichtigt. Eine Aufwertung von Bestand sollte nur dann erfolgen, wenn dieser stark in einen Kontext eingebunden ist, in diesem eine historische und kulturelle Funktion hat und auch Potenziale für eine weitere Nutzung bietet. Die Aufwertung muss demzufolge gezielt und selektiv, intelligent und funktional sein, um die städtischen Bereiche zu optimieren und um Kontinuität zu garantieren. Wo die Zweckdienlichkeit nicht vollständig zu erkennen ist und neue Funktionen nur mit alten Strukturen vereinbar sind, wenn kurzfristige Lösungen forciert werden müssen, kann keine Aufwertung stattfinden. Es muss der Mut gefunden werden, neue effizientere und interessante funktionale Modelle zu realisieren. Abbruch kann dazu beitragen, neue Stadträume zu realisieren. Abbruch scheint besonders interessant für Wohnbebauungen, die in Zeiten rascher Expansionen realisiert wurden, nicht ausreichend den Kontext berücksichtigen, aus minderwertiger Bausubstanz bestehen und heute als ineffizient und nicht nachhaltig für die Bewohner gewertet werden (in vielen Fällen wären die Kosten für Neubau und Betrieb viel günstiger als die bestehenden Betriebs- und Wartungskosten). Dies umzusetzen, ist sehr schwierig – es sollte allerdings trotzdem versucht werden.

Nachhaltige Entwicklung für die bestehende Stadt

Die meist verbreiteten Szenarien (mit Ausnahme von Interventionen in großem Maßstab) finden im nicht genutzten freien Stadtraum statt. Hier wird mit dem bestehenden Raum gearbeitet. Es sollen die Verknüpfungen und Beziehungen gestärkt werden und es kann am Funktionsmix gearbeitet werden. Das Thema Nachhaltigkeit hat seine Grenzen; nicht alle Faktoren der Klimakontrolle können berücksichtigt werden (bioklimatischer Ansatz), sondern es muss an der Auswahl von Materialien, an der Einfügung von begrünten Bereichen und an der Nutzung punktueller technischer Gebäudesysteme (LEDs für Beleuchtung, Nutzung von Regenwasser, Nutzung erneuerbarer Energien ...) gearbeitet werden. Die nachhaltige Aufwertung historischer Städte ist eine Intervention zur Hervorhebung der anthropischen Werte, zur Wiederherstellung und Nutzungsdefinition der Räume, auch durch die Subtraktion überflüssiger Elemente (monofunktionale innerstädtische Verkehrsachsen, überflüssige Stadtmöblierungen, überflüssige Schilder und Wegweiser...). Den Bedürfnissen der zeitgenössischen Gesellschaft wird durch die Modalität der Nutzung bestehender Stadträume entsprochen. Es wird mehr auf die immateriellen Werte hin gearbeitet als auf die materielle Stadt.

Grundbegriffe zur städtischen Aufwertung

Die Grundbegriffe beschreiben die o. g. geometrisch funktionalen Faktoren, die der Entwerfer zur städtischen Aufwertung nutzen sollte:

- Substraktion
- Verdichtung
- Polyzentrismus
- Lesbarkeit (Größe und Organisation)
- Begrenzung.

Die o. g. Begriffe sollten Teil der strategischen Stadtplanung sein. Die Schlüssel der weiteren Faktoren (anthropisch und metrisch) sind als Ergebnis der Analyse des Kontexts zu verstehen. Die historische Stadtstruktur kann programmiert, geordnet, erneuert und begrenzt werden – mit Interventionen in den nicht effizienten Bereichen, mit der Reduktion der kommunikativen Redundanzen und der überflüssigen und ineffizienten Stadtmöbel. Die Grenzen der Stadt zu definieren, ist ein Thema von großem Interesse. Die »Stadtmauern« könnten wieder ein Thema von großer Aktualität werden, insbesondere unter Berücksichtigung der o. g. Ziele. Die endlosen Stadterweiterungen, deren Sinngehalt nicht mehr passend ist (vergl. die Zersiedelungen um Bergamo, zwischen Venedig, Vicenza und Verona in Italien), sind ein erschreckendes Ergebnis nicht kontrollierter Entwicklungen. In nur 20 Jahren ohne Planung entstanden, haben sie große Flächen des Territoriums zerstört. Heute können diese Areale nicht mehr verwaltet werden. Sie sind selten nachhaltig und können nicht oder nur unter großen Schwierigkeiten und mit großem Kostenaufwand erneuert werden. Bei einer Erneuerung der Areale, der Bebauungen und der Plätze ist die Wiederherstellung von Lücken und freien zusammenhängenden Flächen notwendig. Es muss wieder Raum für die Phantasie und die Forschung geschaffen werden, frei von überflüssigen externen Reizen. Auch kleinere Räume können ins Stadtgefüge wieder eingebunden werden. Es lassen sich Räume für »städtische Ecken« finden, die dazu beitragen, das System der Stadt besser wahrzunehmen und die Identität zu stärken.

Detailplanungen haben interessante Ergebnisse gebracht (z.B. in Turin):
- die Planung der öffentlichen Verkehrsmittel
- die Verkehrsplanung
- die Planung der Stadtmöbel
- die Planung der Stadtbeleuchtung.

Die Planung der Städte benötigt Prozesse, die auf öffentliche Programmierung setzen, auf der Basis von Gemeinschaftsinteressen und ökonomischer Machbarkeit. Planung und Erneuerung der öffentlichen städtischen Flächen dürfen nicht Privatpersonen überlassen werden, die verständlicherweise ihren eigenen Profit verfolgen und nicht die langfristigen Interessen der Gemeinschaft. Genausowenig können Privatpersonen die Verantwortung für die Qualität der Umwelt übernehmen, insbesondere bei den gemeinnützigen Ausgaben für die Mobilität.

Die Mobilität in der Stadt – kollektiv oder individuell: die Stadt und das Automobilvirus

Die italienische Stadt leidet schwer unter dem Verkehrsrvirus. Italien hält in Europa die Spitzenposition in der Automobildichte: mehr als 60 Autos auf 100 Einwohner (mit Spitzen in Rom und der Provinz von 70-72/100). Dagegen liegt der europäische Durchschnitt bei 46 Autos auf 100 Einwohner. Vor Italien liegen nur noch die USA, allerdings sind dort die Stadträume und Infrastrukturen auch entscheidend anders. In Italien herrscht kein Gleichgewicht zwischen Kosten und Investitionen: Das Verhältnis von Kosten zu Investitionen liegt bei 1:10 (20 Milliarden € zu 200 Milliarden €). Dieses Verhältnis ist für die Bürger und die Gemeinschaft nicht tragbar, weder indirekt noch direkt (bezüglich der Umwelt, der Qualität der Stadt, der Lebensqualität und der Qualität des Einzelnen). Es wird schwer sein, das Bedürfnis nach individueller Mobilität zu ignorieren, weil dieses stark mit dem Wunsch nach Unabhängigkeit und Freiheit verbunden ist – entsprechend den Werbebildern, in denen das Auto oft mit extraurbanen Räumen in Verbindung steht und nie mit einer Stadt mit chaotischem Verkehr und ohne Parkplätze. Auf jeden Fall ist unbestreitbar, dass sich die Ökonomie der Automobilindustrie aus endogenen und exogenen Gründen im Abstieg befindet; es ist unbestritten, dass die Städte in den letzten 50 Jahren für das Auto geplant wurden. Das Auto hat die Stadt beeinflusst und erstickt, vergleichbar mit einem Virus, das sich ohne Immunsystem ungestört ausbreiten kann. Mit Stadt ist hier nicht nur das Ensemble der Gebäude gemeint, sondern auch die Gemeinschaft der Nutzer, die den Stadtraum täglich erleben. Heute haben wir begonnen, etwas zu unternehmen. Zum »genetischen Erbgut« sind Erfahrungen hinzugekommen und allmählich werden die notwendigen Sofort-Maßnahmen ergriffen. Zurzeit werden Experimente und Reflektionen über die neuen Bedürfnisse auch in den Ländern angestellt, in denen bereits eine weit größere Sensibilität vorhanden ist (Nordeuropa und die skandinavischen Länder), die bereits eine weitsichtige Stadtprogrammierung (für 30 Jahre) gemacht haben und die in absehbarer Zeit mit einer Neuprogrammierung der Zukunft beginnen. Ein neues Mobilitätssystem eröffnet Szenarien für eine neue Stadtvision. Eine besser vernetzte Stadt, polyzentrisch gegliedert in multifunktionale Bereiche, kann langsamer und einfacher zu bewohnen sein, mit weniger Kraftaufwand für die einzelnen Individuen. Dies bedeutet, dass die Stadt für die neuen Bedürfnisse und Szenarien, die entstehen werden, neu geplant werden muss.

Aktualisierungsinstrumente – Szenarien

Die notwendigen Energien der Privatwirtschaft müssen in einen größeren Prozess der Stadtentwicklung und -erneuerung miteinbezogen werden, der notwendigerweise als Langzeitvision zu betrachten ist. Auf jeden Fall sind die Instrumente für die nicht mehr genutzten Areale oder für den Neubau effizient; weniger funktionsfähig sind die Instrumente, die mit der Dichte der bestehenden Stadt – die eine fragmentierte Grundbesitzstruktur hat – arbeiten. Hierfür fehlen immer noch geeignete Instrumente.

Vom Städtebau unabhängige Instrumente könnten allerdings den Markt auf die bestehende Stadtstruktur aufmerksam machen. Eine unkontrollierte Bebauung des Territoriums könnte durch Gesetze und Normen begrenzt werden, die das Stadtwachstum stoppen und Investitionen auf die bestehende Stadt lenken. Landverbrauch ist ein zentrales Thema der nachhaltigen Entwicklung, das indirekt zu allen o. g. Themen und zu Überlegungen des Ersatzes – wie Abbruch und Wiederaufbau – führt, insbesondere für den Bestand von der Nachkriegszeit bis hin zu den 70er Jahren. Diese Herangehensweise erfordert ein qualifiziertes Arbeitsteam, mutige Politiker und Investoren mit Überzeugungskraft, die die Grundbesitzer auch zum Verkauf bewegen. Eine Reihe von Verfahren ermöglicht es, ganze Stadtteile zu erneuern mit positiven ökonomischen Folgen für einen Großteil des Territoriums. Es sind Mut, Kraft und die erforderlichen Instrumente nötig, um in der bestehenden Stadt mit Abriss und Wiederaufbau zu arbeiten. Es wachsen zur Zeit neue soziale Schichten in schwierigen ökonomischen Verhältnissen heran, es entstehen neue Bedürfnisse bezüglich der Wohnungsgrößen und der zeitlichen Nutzung: Die Wohnung ist keine Lebensinvestition mehr. Das Wohnen der Familien wird immer noch nach Wohntypen geplant, während inzwischen von Lebensstil gesprochen werden muss; das erste wird als kommerzielle Katalogisierung verstanden, das zweite als Lebensart mit Bedürfnissen und Ambitionen. In Italien würde dies 4 Millionen Einwohner betreffen (keine kleine Zahl), die am Markt nicht berücksichtigt werden. Durch die Nachfrage nach neuen Wohnmodellen für neue vielfältige Lebensstile werden neue Wohntypologien, neue Gemeinschaftsbereiche und neue Infrastrukturen notwendig. Auf dem Markt gibt es hierfür kein Angebot und keine Untersuchung. Es werden Wohnmodelle wiederholt, die inzwischen hundert Jahre alt sind, eventuell in reduzierter Form und dadurch nicht mehr kohärent und fern von den eigentlichen Bedürfnissen des Wohnens von heute und morgen. Zum Schluss muss hervorgehoben werden, dass die Entwicklungen komplex sind. Es besteht Bedarf an Fachexpertisen für die Verwaltung der vielschichtigen Prozesse, es gibt Bedarf an Verwaltungen, die in der Lage sind, Visionen für die Langzeitdauer zu entwickeln. Die wichtigsten Dynamiken zur Steuerung und Verwaltung sind:

- Governance: Verwaltung der öffentlichen und privaten Handlungen
- Partizipation: Miteinbeziehung aller Akteure in die städtischen Dynamiken der radikalen Langzeitveränderungen
- Kommunikation: Miteinbeziehung der Bevölkerung zur Unterstützung der städtischen Langzeitveränderungen der nächsten 30 Jahre.

Nur Langzeitvisionen und Stadtentwürfe, die nicht ausschließlich Überlappungen von »layers« im großen Maßstab sind, können – unter Berücksichtigung der Relationen, der Polizentrizität, der Stadträume, der Zeiten, der Emotionen – der heutigen Generation von Kindern eine nachhaltige Stadt für ihre Kinder ermöglichen.

Bibliographie

Arch. Bedrone e arch. Turi
Documenti e esperienze da lavori XXIII UIA Torino 2009, le trasformazioni urbane.
L'AUTO PERMETTENDO
di Michele Buono, Piero Riccardi
Report Rai – In onda domenica 9 maggio ore 21.30

A.A V.V. da
L'Europeo n.12 dicembre 2009
Rottamare la città, per un futuro più vivibile

Il futuro della città
Richard Burdett e Miguel Kanai
da monografia della Mostra:
Città, Architettura e Società
ed. Marsiglio

Città per piccolo pianeta
Richard Rogers, PhilipGumuchdjian
ERI d'A Kappa1997

Die Wege der Nachhaltigkeit. Instrumente und Methoden zur nachhaltigen Entwicklung der Landschaft in Apulien

Begriffe

Die Bedeutung städtebaulicher Nachhaltigkeit und die Relation zur Realität
Prämisse

Vor einiger Zeit wurde von der »New York Times« eine Leserumfrage zur Definition des Begriffes Nachhaltigkeit veröffentlicht. Die Antworten auf die Frage haben die Distanz der Menschen zu diesem Thema und zu den damit verbundenen Problematiken deutlich gemacht.

Diese Umfrage war im Jahr 2000 und von damals bis heute ist ein ständig wachsendes Interesse an diesem Thema zu verzeichnen. In den letzten 10 Jahren wurde fast alles, was uns umgibt, vom Transportsystem bis zur Architektur und zum Design, mit dem Thema der Nachhaltigkeit gemessen.

Die Menschen wollen wissen, wie sie handeln, sie wollen die Umweltkompatibilität der Gebrauchsgegenstände kennen und sie wollen Instrumente zur Realisierung der Nachhaltigkeit erkennen. Es gibt Bedarf, die Konzepte, die Instrumente und die Methoden der Nachhaltigkeit zu erforschen und zu vermitteln. Die städtebauliche Nachhaltigkeit mit Schwerpunkt auf der Peripherie und deren besorgniserregenden Phänomenen des Verfalls ist Gegenstand dieses Beitrags. Das Thema der Nachhaltigkeit ist eines der Studiengebiete mit höchster Priorität und Dringlichkeit; die Phänomene des »Urban Sprawl« in den USA und im China des 21. Jahrhunderts sind ein Beweis hierfür. Die Mikroprozessoren-Herstellerfirma Intel muss der Gemeinde Portland 1.000 US Dollar für jeden neuen Beschäftigten zahlen. Wieso ist die Firma Intel bereit, so viel für einen Arbeitsplatz zu bezahlen? Weil sich die Zentrale der Firma in Portland befindet, wo die nachhaltige Entwicklung prioritär ist. Denn in den USA haben sich seit einigen Jahren in der Bevölkerung Bedenken gegenüber dem sogenannten »Sprawl« von Industrieanlagen, von Gewerbegebieten und den Einfamilienhaussiedlungen entwickelt. Die Regierung der USA hat begonnen, dem Verlust an Qualität der landschaftlichen Regionen ökonomisch entgegenzusteuern. In Italien liegt das Problem anders: entsprechend den Angaben im nationalem Plan von 1996 waren 43% der italienischen Bevölkerung und 90% der High-Tech-Industrien in den Städten angesiedelt. Im Jahre 2009 hat sich die Situation geändert: 51% der Bevölkerung leben in den Städten. Diese Zahlen weisen eine Situation auf, die im Vergleich zu den USA in die entgegengesetzte Richtung zeigt und sie weisen nach, dass in Italien das Phänomen des Verlassens der extraurbanen Gegenden zu verzeichnen ist. Das Phänomen des »Urban Sprawl« ist weniger relevant. Um die italienischen Städte auf diese Situation vorzubereiten, hat die Regierung 1998 das Programm »Prusst« eingeführt (Programm für die nachhaltige Aufwertung und

Entwicklung der Städte). Das Programm wurde 1999 begonnen, entsprechend der »Agenda 2000«. Seitdem werden alle vier oder fünf Jahre neue Programme initiiert, um das Verhältnis zwischen Stadt und Peripherie zu verbessern. Die Inhalte der Programme setzen immer mehr auf die Möglichkeiten der Nutzung von nachhaltigen Techniken. Das »Prusst«-Programm baut auf die Instrumente des »advocacy planning« und greift die Bedürfnisse der italienischen Städte mit Schwerpunkt Nachhaltigkeit auf. Im ersten Jahr der Erforschung ist bei den Gemeindeverwaltungen und Planern ein Handlungschaos aufgetreten – wegen des Fehlens von Informationen und passenden Beispielen. Die Strategie wurde als richtig bewertet. Es gibt allerdings Risiken in dieser Tendenz: Statt den Richtlinien der Agenda 2000 zu folgen, haben »Prusst« und all die folgenden Programme als Konsequenz Lücken hinterlassen. Das bedeutet eine Vernachlässigung in der Planung von extraurbanen verlassenen Gegenden, die sich aus einer fehlenden Strategie für die italienische Landschaft erklären. Die Intensivierung der Entwicklungsmodelle und die Planung für die italienischen Städte waren und sind wichtig, aber auf der anderen Seite bildet sich das Risiko der Vernachlässigung für die ländlichen Gegenden ab.

Fehlende Gesetze und Planungen könnten in den nächsten Jahren zu den Problemen führen, die heute in den USA aktuell sind. Das Phänomen des »Urban Sprawl« wächst, insbesondere wenn wir bedenken, dass die Landwirtschaft aufgrund der Preispolitik der EU immer mehr an Bedeutung verliert. Die Bedenken sind, dass die Konzentration auf die Probleme der Stadt immer mehr Land unbewirtschaftet lässt, das bald als Folge Vernachlässigung und »Sprawl« erfährt. Ziel dieser Arbeit ist es, die Möglichkeiten einer nachhaltigen Entwicklung in einem viel größeren Maßstab, dem der Landschaft, nicht nur im Rahmen einer reinen Gestaltungslogik, sondern als sichtbaren Ausdruck der Verwertung und Bewirtschaftung zu erarbeiten.

1.2 Wege der Nachhaltigkeit

1.2.1 Begriff

Wenn die originären Merkmale und Funktionen mit den tragenden Grundkomponenten restauriert werden können, ist der Weg nachhaltig. Dies gilt auch, wenn das Ziel nicht mehr dem originären gleicht, wie z.B. in Zukunft einem touristischen Zweck.

Darstellung der Situation

Die Wiederherstellung und Renovierung der historischen Landgüter und Häuser in Apulien als alleinige Maßnahme ist kein wirksames Mittel gegen das stetige Verlassen der Agrarlandschaft. Die darauf folgenden Phänomene des Verfalls, sowohl sozial wie auch architektonisch, werden nicht gebremst. Die Machbarkeit scheitert vor allem an der Begründung. Wenn der Besitzer von Ländereien mit Gutshaus keinen wirklichen Grund zur Bewirtschaftung hat außer der Erhaltung der Wahrzeichen der Agrarlandschaft, wird das Vorhaben scheitern. Die ökonomische Pleite eines Gutsbesitzers ist nicht im Interesse der Gesellschaft. Ein dritter Grund ist, dass die Planung einer Maßnahme auf regionalere Ebene nicht ohne vorhandene Infrastruktur möglich ist. Dies bedeutet, dass es keine Entwicklungsmöglichkeiten für diese Orte gibt – unter Berücksichtigung der wenigen Ausnahmen, wie z.B. einzelner Siedler, die sich dazu entschieden haben, hier zu leben, und der wenigen touristischen Agrarhöfe. Wenn es keine Zukunft für die landschaftsformenden Elemente gibt, wird es auch keine Zukunft für die Landschaft geben. Eine Landschaft kann nicht einfach durch ein Regelwerk von Gesetzen und Verboten »mumifiziert« werden. Es ist zur Zeit zu beobachten, dass die kurzsichtige Haltung der Denkmalschutzämter versucht, die Landschaft einzufrieren. Die Region Apulien ist eine touristische Region. Sie grenzt an drei Seiten ans Mittelmeer und liegt geographisch gegenüber von Griechenland und Albanien. Sie ist reich an historischen Denkmälern und religiösen Kulturgütern. Der Tourismus ist die richtige Entscheidung, um die vorhandenen landschaftlichen Ressourcen zu nutzen und zu entwickeln. Um des Gesamtbild der Region zu erhalten, ist es wichtig, diese Ziele in das bereits begonnene »Prusst-Programm« zu integrieren.

Das bereits existierende historische und landwirtschaftliche Netz von Straßen und Wegen ist ein wesentliches Element für die angestrebte Entwicklung. Erst durch Wiederherstellung aller Verbindungen werden die Erfahrbarkeit und vor allem die Nutzung der Agrarlandschaft in ihrer gesamten Ausdehnung möglich. Die Wiederherstellung der sogenannten Sekundärverbindungen auf nachhaltige Art und Weise hat höchste Priorität. Der Tourismus, für den das Netz wiederhergestellt werden soll, ist auf der Suche nach einer neuen Art von »Luxus«: der Langsamkeit. Diese Reisenden sind auf der Suche nach Qualitäten, nicht Quantitäten. Sie meiden große Verkehrsachsen, sie bevorzugen individuelle Verbindungen.
Unter diesem Aspekt wird für die Besitzer von Land und Gut mit Hof und Acker sowie für Investoren die Wiederherstellung und Restauration der Landvillen interessant, weil sie auf einem funktionierenden Wegesystem aufbauen können. Die touristische Entwicklung der Region kann die Wiederverwertung der Agrarlandschaft stützen, wie dies bereits in der Toskana stattgefunden hat. Vor allem wird diese Zielsetzung dazu beitragen, die Normen entsprechend flexibel zu gestalten (insbesondere das Regelwerk der Denkmalämter), um keine Behinderung einer solchen Entwicklung zu erzeugen. Dies ist bei Wahrung der wesentlichen Merkmale der Landschaft und mit den notwendigen Veränderungen entsprechend den neuen Bedürfnissen zu gewährleisten.

2 Instrumente und Methoden zur nachhaltigen Wiederherstellung der Sekundärstraßen

2.1 Ziele und Gründungsansätze

Die Ansätze der touristischen Entwicklung bauen auf der nachhaltigen Wiederherstellung der Sekundärstraßen für die touristische Nutzung und der damit verbundenen Elemente und Merkmale auf. Die Wahrzeichen, die entlang der Wege noch zu finden sind oder früher einmal existierten, wie z.B. Trockenmauern, kleine Kapellen, Höfe und Gutshäuser mit traditionellen Farben und Materialien, können durch die Wiederherstellung der Infrastruktur zu neuem Leben finden. Was früher nur aus Gründen der Funktionalität, aus bäuerlicher Kultur und Tradition entstanden ist, kann heute einen neuen Sinn erfahren. Die Restaurierung der historischen Villen, die traditionellen Farben und Bepflanzungen, die Techniken zur Erhaltung und Wiederherstellung der Trockenmauern sind Elemente, die aufgrund einer entsprechenden Regelung und Gesetzgebung erhalten werden. Der Charakter der Landschaft mit den jeweiligen lokalen Merkmalen wird wiederhergestellt; dabei können ökonomische Wachstumsprozesse gefördert werden. Zusätzlich ist die qualitative Förderung auch für die Gesetzgebungsprozesse von großem Nutzen. Sie kann bis zur Verabschiedung neuer regionaler Gesetze und Planungsordnungen für die nachhaltige Entwicklung der ländlichen Regionen führen.

Einige beispielhafte wesentliche Eckpunkte:
a) die Aufteilung und Klassifizierung der primären und sekundären Wege- und Straßenführung, um die Vernachlässigung und Verwilderung der historischen Agrarstraßen zu verhindern;
b) die Wiedergewinnung der Kenntnisse der historischen Techniken zur Erhaltung der Wege und Trockenmauern;
c) die Stärkung und Entwicklung der touristischen Straßen und Wege, dem französischen Beispiel der thematischen Agrarwege folgend;
d) die Wiederherstellung der »Perspektive« im geographischen Sinne mit der Wahrung der historischen Blickpunkte, wie z.B. die Glockentürme der alten Kathedralen als Höhepunkt der Perspektive von Straßen und Wegen und zur Orientierung, wie man es früher in Apulien erfahren konnte.

2.2 Instrumente und Methoden

Um die bereits dargestellten Ziele zu erreichen, sind komplexe Instrumente notwendig. Es bedarf einer Projektierung vom Generalplan (große Landabschnitte) bis hin zur detaillierten Ausführungsplanung (kleinere Landabschnitte, Straßen, Wege, Villen etc.). Ein erster Schritt muss die Bestandsaufnahme mit der Katalogisierung von Sekundärstraßen und Wegen entsprechend der aktuellen Nutzung (genutzte und ungenutzte Nebenstraßen, Wege zwischen Ländereien, alte nicht mehr nutzbare Straßen und Wege etc.) sein. Die Katalogisierung könnte beispielsweise von lokalen universitären Instituten durchgeführt werden. Die Arbeit des universitären Netzwerks sollte neben der bereits existierenden neuen regionalen Gesetzgebung zur Landschaft als »appendix« beigefügt werden. Nach Verabschiedung der Einbeziehung der o. g. Anlage könnten die Universitäten wieder eine zentrale Rolle spielen. Eine weitere Vertiefung für noch kleinere Gebiete (auch nur beispielhaft) sollte zur Definition der einzelnen Elemente im Detail führen. Der daraus entstandene Abacus der Elemente wird sehr vielfältig sein: Die Fachbereiche Ingenieurwissenschaften, Architektur, Agrarwissenschaft und die Humanistischen Fachbereiche sollen ins Programm mit einbezogen werden. Dies trägt zur Klassifizierung, Restaurierung und Entwicklung der vielen Gutshäuser, Ländereien, traditionellen Bewirtschaftungstechniken, Trockenmauern, Konstruktions und Oberflächenbeschaffenheiten von Straßen und Wegen, Radfahrerwegenetze, Wanderwege, Kulturpfade etc. bei. Elemente, die schon an sich ein wichtiges Kulturgut darstellen, können, wenn im Gesamtsystem integriert, eine noch viel tiefere und weitere Bedeutung bekommen.

Die Fachbereiche um die Agrarwissenschaften würden parallel dazu die Analyse und Entwicklung der Agrarlandschaft betreuen. Traditionelle und historische Methoden und Pflanzkriterien sowie die Organisation der Landschaft durch Baumreihungen und Obstbaumfelder sind die Schwerpunkte dieser Studien. Beispielhaft hierfür sind die Pfirsichbaumbepflanzungen, deren fortlaufende Entwicklung zu einer veränderten Wahrnehmung der Landschaft beigetragen haben.

Am Ende wird ein Generalplan zur »nachhaltigen Wiederherstellung der Agrarlandschaft in Apulien« entstehen. Die einzelnen Gemeinden werden die Planung umsetzen. So würden dann die Bereiche geplant, die üblicherweise sehr spärlich geregelt und generell als landwirtschaftlich genutzte Bereiche klassifiziert sind. Zusätzlich müssten die Gemeinden festlegen, wie die Nachhaltigkeitswege im Rahmen der Gemeindegrenzen durchzuführen sind. Somit wäre die letzte Instanz der Planung auf der Ebene der einzelnen lokalen Gemeinden und Verwaltungen erreicht.

Zum Schluss könnten die Ergebnisse der Studien in einer Art Handbuch der nachhaltigen Agrarlandschaftsbewirtschaftung zusammenfließen und veröffentlicht werden. Dadurch könnte eine breitere Gruppe von Produzenten (Betreiber vom Bauern bis zum Tourismusmanager) und Investoren erreicht werden (eventuell auch in Kooperation mit einzelnen Gruppen oder Firmen; das Handbuch könnte sogar Kostenkennwerte mit beinhalten).

Wie bereits schon erwähnt, ist das Projekt der »Nachhaltigkeitswege« gebunden an die konkrete Einbindung der einzelnen Gemeinden, die bei der Aufzeichnung und Ausführung eine zentrale Rolle spielen. In einem der hier analysierten Beispiele in Zentral-Apulien wird nachgewiesen, dass die Organisation der Sekundärwege nicht dem Bild der zentral-radialen Organisation entspricht, die für die Städte Apuliens typisch ist. Bei genauerer Beobachtung erschließt sich eine klarere Begründung.

3 Case studies

Das Zentrum der Kleinstadt Castellana Grotte ist dicht und reich an Straßen mit ähnlich großer Gewichtung. Das Phänomen des »Sprawl« ist ebenso sichtbar. Das Gesamtbild der Stadt ergibt eine urbane Struktur, in der das Zentrum von dem umgebenden »Sprawl« chaotisch umzingelt ist und bildlich keine Luft mehr bekommt. Ganz anders erscheint der zweite *Studienfall*:

Das Gebiet besteht aus einem Netz von alten und neuen Sekundärstraßen und Wegen, die die Landschaft durchqueren und eine Verbindung zwischen »Trulli«, Villen und Gutshäusern herstellen. Es handelt sich um zwei ganz unterschiedliche Strukturen. In der einen ist die Stadt im »Sprawl« verloren, es bestehen keine nachvollziehbaren Verbindungen zwischen der Stadt und der umgebenden Landschaft; im anderen ist das Zusammenspiel zwischen Stadt und Land gut erkennbar.

Es ist wichtig, alle einzelnen Bereiche der Systeme zu bewerten. Hierzu ist eine nicht schwierigere, aber zeitaufwändige Aufnahme des Bestandes nötig. Für die o. g. Gemeinde wurde bereits eine Aufnahme aufgezeichnet und dokumentiert. Die Gemeinde von Castellana müsste nun die Ergebnisse dieser Studie in ihren eigenen Bebauungsplan aufnehmen.

Im zweiten Beispiel ist der Bereich der Studie größer. Während im ersten Beispiel die Aktualisierung des Projekts auf der Gemeindeebene dargestellt ist, wird im zweiten Beispiel der Rahmen auf der Ebene der Provinz bzw. der Region dargestellt. Aus diesem Grund wurde das Gebiet der »Murgie« ausgesucht, zwischen den zwei Gemeinden Cassano Murge und Santeramo in Colle. Auch in diesem Fall werden wir zwei Aufnahmen zeigen. Im ersten Bild sind die Hauptverbindungsstraßen aufgezeichnet, entlang der Strecken, die üblicherweise verwendet werden, um sich zwischen den zwei Städten zu bewegen. Der verwahrloste Zustand der Landschaft an den Rändern ist klar ersichtlich; der schnelle Verkehr verhindert die Wahrnehmung der Landschaft (auch für diejenigen, die sich entlang der Straßen bewegen) und zwingt zu einer beschränkten Perspektive. Es fehlen erkennbare Zeichen in der Landschaft, die hier in Wirklichkeit reichlich vorhanden sind. In diesem zweiten Bild ist das Netz der Sekundärstraßen zu sehen mit Villen, Gutshäusern und »iazzi«. Im letzten Bild zeigen sich auch große Unterschiede, es weist aber vor allem auf die vielen Möglichkeiten der Verbindungen zwischen den zwei Städten hin. Die reiche Infrastruktur ist in Vergessenheit geraten; nur einige Verbindungen sind bevorzugt und verstärkt worden. Die Möglichkeit der Wiederverwendung, Restaurierung und Aufwertung der alten Wege als aktiver Teil des Systems könnte eine Chance für diese Gegend darstellen. Das Bild zeigt auch, dass eine Zusammenarbeit der angrenzenden Gemeinden notwendig ist.

4 Fazit

Nach dieser kurzen Beschreibung der zwei Fallbeispiele können folgende Schlussfolgerungen gezogen werden. Im Falle von Castellana Grotte liegt die Art der Interventionen auf der lokalen Ebene der Gemeinde, garantiert durch die Kooperationsarbeit zwischen Universität und Gemeindeverwaltung zur Verwirklichung eines Planes und der notwendigen Gesetze und Satzungen. Eine komplexere Zusammenstellung ist für das zweite Fallbeispiel notwendig: Cassano Murge und Santeramo in Colle. In diesem Falle ist die Planungsebene regional, ein Bezug zu den »Richtlinien für die nachhaltige Restaurierung und Entwicklung der Agrarlandschaft« ist notwendig. Wie bereits beschrieben, ist hier eine Zusammenarbeit zwischen Universitäten, regionalen und lokalen Verwaltungsgremien der Region Apulien unabdingbar.

Ziel dieser Arbeit ist die Erarbeitung eines qualitativ hochwertigen Planes bei Nutzung minimaler ökonomischer Ressourcen, aber einer großen Menge an kulturellen und politischen Ressourcen und Instrumenten. Es sind keine zusätzlichen Verwaltungen notwendig, die teuer, langsam und politisch fragil sein können. Ziel ist eine nachhaltige Entwicklung der Regionen durch Aufwertung bestehender Infrastrukturen und Elemente in der Agrarlandschaft und im Territorium.

Referenzen

1 »Urban sprawl: not quite the monster they call it«, *Economist*, August 21st (1999).

2 A. Cattanei, »Contratti di quartiere«, *Modulo* 3 (1999).

3 R. Pavia, *Taccuino di viaggio*, Pescara 1996.

4 B. Secchi, »Figure del rinnovo urbano«, *Casabella* 614

5 V. Gregotti »La strada, tracciato e manufatto«, *Casabella* 553

Zu den Autoren

G. PFEIFER

ist ordentlicher Professor am Fachgebiet Entwerfen und Wohnungsbau der Technischen Universität Darmstadt Fachbereich Architektur.

C. LEPRATTI

2011 Gast-Professor an der Sapienza Università di Roma. Er lehrt seit 2006 als Dozent am Fachgebiet Entwerfen und Wohnungsbau der Technischen Universität Darmstadt.

A. TERSLUISEN

ist Junior-Professor für Hauskybernetik an der Technischen Universität Kaiserslautern.

B. STEFANOVSKA

ist Dozentin, lehrt am Fachgebiet Entwerfen und Wohnungsbau der Technischen Universität Darmstadt, im Rahmen eines Lehrauftrags.

S. BEIN

ist Wissenschaftliche Mitarbeiterin an dem Fachgebiet Entwerfen und Stadtentwicklung der Technischen Universität Darmstadt.

R. SCHEPPAT

ist Wissenschaftlicher Mitarbeiter am Fachgebiet Entwerfen und Wohnungsbau der Technischen Universität Darmstadt.

V. MARTINEZ

ist Dozentin und lehrt seit 2006 am Fachgebiet Entwerfen und Baugestaltung der Technischen Universität Darmstadt.

N. TRASI

ist Prof. Ricercatore und lehrt am DIAR, Dipartimento di Architettura, Sapienza Università di Roma.

G. SALIMEI

ist Prof. Ricercatore und lehrt am DIAR, Dipartimento di Architettura, Sapienza Università di Roma.

M. PAZZAGLINI

ist Ordentlicher Professor für Composizione Architettonica e Progettazione Urbana am DIAR, Dipartimento di Architettura, Sapienza Università di Roma.

L. DE LICIO

ist außerordentlicher Professor für Composizione Architettonica e Progettazione Urbana am DIAR, Dipartimento di Architettura, Sapienza Università di Roma.

V. FABIETTI

ist Professor am Dipartimento di Ambienti Reti e Territorio – D.A.R.T. Universitá degli studi G. D'Annunzio Chieti Pescara.

G. DELL'AQUILA

ist Dozent und lehrt am Politecnico di Torino – II Facoltà di Architettura Dip. Tecnologia.

M. FERRARI

ist Dozent und lehrt am DIAR, Dipartimento di Architettura, Sapienza Università di Roma.